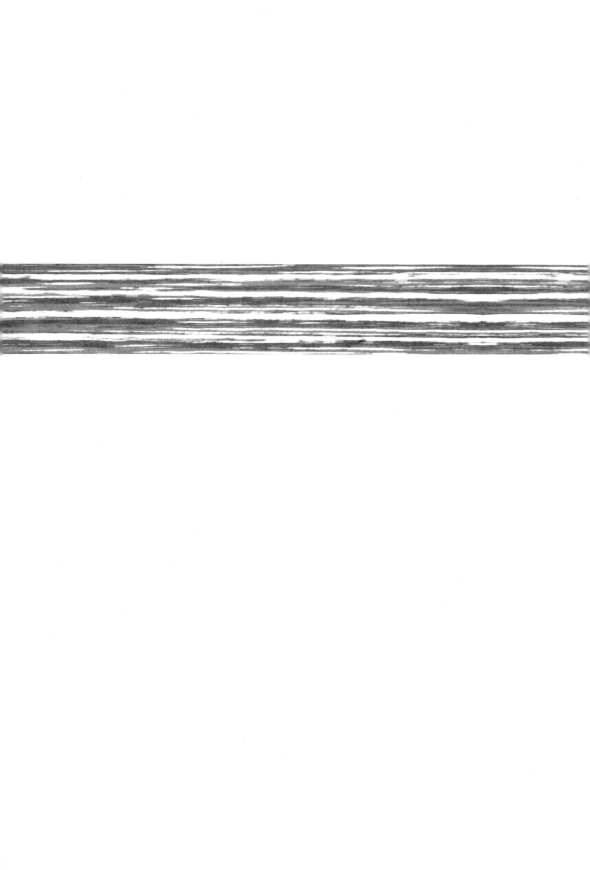

创业时，
他们在读什么

梁海燕◎著

ZHEJIANG UNIVERSITY PRESS
浙江大学出版社

序　创业并不是一场全新的游戏

　　我在外出调研和演讲的时候,经常会被问到这样一个问题:新一次的创业浪潮又来了,这一次和过往有什么不同吗?

　　是啊,30多年来,中国经历了四次大规模的创业浪潮:1978年的农村承包制创业,1984年的工厂改革式创业,1992年下海式创业以及1999年前后的互联网创业。这几次的创业窗口期,造就了今日的中国商业。我们甚至可以这样说,过去20多年里,中国商业世界的运转逻辑和规律,老百姓的消费模型、创业模型,甚至思维方式都深受这几批创业者的影响。

　　现在,他们将要"交班"给80后和90后。年轻人们,以一种令人惊讶的速度向前辈们发起冲击,对财富和名声的渴望驱动着他们不断向前,对互联网以及同龄消费者的理解则让他们无往不利。

　　但是创业最重要的道理,仍然不会有变化,那就是创造价值。管理学的宗师德鲁克,以极其简明的语言解释了这一点:一个企业所有价值的实现与评估都必须来自于外部，来自于它的买单者。

新一代的创业者，是蛮幸运的。他们身在一个中产阶层崛起，物质从短缺走向丰盈的时代。今天的中国第一次出现了一整批成规模的、愿意为高质量和高性能买单的、理性的中产阶级消费群体。这个群体，不再是单一的"价廉物美"和性价比爱好者。这意味着当有了足够的选择后，我们还会从中去寻找那个满足需要的"最优解"，并且为之付出更高的价格。

这样的情况，也自然而然地由消费这一层面蔓延至价值提供。"我提供的产品会有价值吗？""它满足了什么需求？"这个从市场逆向而回的问题近乎成为时下创业前的终极一问。这样很好，掌握了这个德鲁克眼中的创业"神器"，无疑是走了最重要的一步。

但并不是每一位懂得了这个道理的创业者，最后都成功了。我问过很多企业家如何领导一家企业走过 10 年甚至更长的时间，他们告诉我的是，理论和实际的差距是永恒存在的，没做企业的时候觉得自己什么都懂，做了企业才发现自己不懂的太多。在创业的过程中，或许还需要问一问：

我们的目标市场足够大吗？可以让我们活下去吗？

商业模式的可扩充性如何？实现盈利的步骤清晰吗？

手下有 10 个人时，我是个好舵手，但手下已经有了几百人，船长应该怎么当呢？

未来 10 年，我们的竞争对手会从哪里出现？

这些问题，可能是所有的企业家都将面临的。这些商业的基本逻辑，并不会随着时代和环境的变迁而轻易改变。如果我们不能以亲身的经历预先体悟，那么读一读创业的书籍，从前人的总结中收获一二，总是好的。

著名财经作家　吴晓波

前　言

千读社群实验始于 2014 年春天，从最初的 5 个联想之星 CEO 硅谷班的同学，到一年后满满 500 人的 Founders Book Club（创始人读书群），群外还排着长队，再到开通半年即粉丝过万的微信公众号，这一切都是意外的惊喜，我完全没想到，更不用说出书了。

真有这么多爱读书的创业小伙伴吗？

Founders Book Club 第一次聚会来了 7 位创业的小伙伴，在斯坦福校园的一间教室聊得很开心，然后移步校园书店和二楼的咖啡空间。当时我的小小野心是影响 100 位创业者读书，尽管有好几位 CEO 同学轻描淡写地对我说："现在谁还有时间看书？看看微信帖子就好了，已经好多年没看书了。"我却固执地坚持，希望传递和分享读书的快乐，给我的 CEO 同学们。走过这条路，我知道创业的旅程有多么孤独，而读书其实是对这份孤独最好的化解，也是创业路上最快乐的陪伴。

我很快连接了北京的创业圈子，认识了温文尔雅的侯瑞琦老师。他是一个很热心的人，同样爱读书。在北京的第一次聚会，本来3W咖啡①的Ella特意给聚会留了一楼的沙发软座，结果来的群友太多，我们只好移步附近茶空间的一个会议室。要谢谢一位新朋友——北大创业训练营的袁航。

硅谷群友的第一次大规模聚会在热闹的圣何塞购物街（Santa Row）上，有前苹果的高管James Hong老师，麻省理工和斯坦福的帅哥们，还有刚认识的月光族兼职创业者，大家的支持，让我觉得温暖而感恩。随着群友的快速增加，我们也有了一个大一点的野心——年度分享好书100本，也有了坚持末位淘汰制的定期换血。夏天到了，更多的群友穿上了我们社群的T恤，Founders Book Club变成一个骄傲的符号，在梦想着改变世界的小伙伴们身上闪耀着。我们于是在北京有了第二次聚会，在露天的电影院和特色餐厅，要谢谢美女同学刘晶的精心安排。

读书群很快吸引了很多不同背景的创业创新者，形成一个很活跃的高端社群。有初次创业的小伙伴，也有硅谷各高科技公司技术主管和产品经理；有上市公司CEO，也有知名风险投资人和电影导演及媒体人士。年度分享创业、思考和成长类好书新书100本的目标真的达到了，很开心。

在硅谷2014年的圣诞大派对上，创业的同学们都很感叹，这一年在快乐的读书分享中飞快地过去了，感动满满。有CEO群友工作繁忙，出差时在机场候机室里完成"微分享"；家有刚出生宝宝的博士群友在等家人和宝宝睡着后，深夜在书房坚持完成语音分享。还有来自北京的很任性的群友胡延平老师，在斯坦福聚会时要送大家书店刚到的新书，让大家随便挑。不经意间，我们的社群已经有了一种强大的荣誉感，让大家在分享学习中陪伴彼

---

① 国内最早最成功的众筹创业咖啡馆。

此成长,很美好。原以为属于"高冷"的读书公众号很快有了过万的粉丝,我们很惊讶。

这份分享的快乐和共同成长的美好,我希望能与更多的小伙伴分享。机缘巧合,谢谢亲爱的刘畅引荐,5 月份我在硅谷认识了一样酷爱读书的吴晓波老师,也因此有机会与他的蓝狮子合作,推出我们 2014 年语音微分享精选的文字合集——千读的第一本书!非常感谢一直默默在背后支持的神一样的千读小伙伴刘薇和徐雅妮,还有谢闻天、赵宇、王芮和田皎月同学,谢谢你们的爱心付出,无数个小时的语音转成文字的巨大工作量,才有了今天这本书。也谢谢蓝狮子的美女编辑们,谢谢你们的敬业并忍受我无法预测和掌控的时间安排,谢谢你们!

"千读微分享"是一个温暖而美好的社群实验,每一次聚会,都像回到青青校园、少年同窗的年代。这个社群实验,因为分享人都在创业或创新的路上,因为面临巨大的未知和艰难的成长,因为带着无穷的好奇,而与众不同。这个实验,我们希望坚持十年,每年出一本聚集众人智慧的很特别的书,来纪念这不同凡响的创业路上的成长。我们一起读书,一起成长。

亲爱的千读伙伴们,感恩有你,一路同行!

梁海燕博士

2015.10.22

目　录

第一章　创业总有迷茫时

《三双鞋》： 我们为什么要创业

分享作品：《三双鞋：美捷步总裁谢家华自述》(*Delivering Happiness*)，
美捷步(Zappos)创始人亲述缔造网络营销帝国的心路历程。

分 享 者：梁海燕(Helen Liang)博士，硅谷连续创业者，UstartX 加速器创始人和 CEO，天使投资人，清华 x-lab 导师，创业读书分享类公众号"千读"创始人。曾在希捷科技(Seagate Technology)任高级工程师和产品经理，也曾应邀在清华大学、复旦大学、中欧商学院举办讲座。博士毕业于美国威斯康星大学麦迪逊分校(University of Wisconsin-Madison)。

  《三双鞋》(*Delivering Happiness*)是一本很特别的书，他的作者是美捷步(Zappos)的创始人兼 CEO——谢家华(Tony Hsieh)。这本书是在我创业的过程中，对我影响最大的一本书。第一次读到这本书是几年前在纽约的世界创新论坛，当时谢家华正为他的新书上市举行午餐会，会上他分享了很传奇的创业故事和写这本书的心路历程。我听了十分感动，立刻买了一本。最近又找出来看了一遍，依然感悟良多。

谢家华 24 岁时，就以 2.65 亿美元的价格将他创办的网络广告公司"链接交换"（LinkExchange）卖给了微软；35 岁时，亚马逊以高达 12 亿美元的价格收购他创办的 Zappos；他也因此跻身《财富》杂志（Fortune Magazine）"40 岁以下亿万富豪榜"，排名第 27 位。在《三双鞋》中，他所讲述的创业故事和他一路上的迷茫和思考都极具启示。当初读到这本书时，我还在大公司里做研发经理，正处于事业发展的迷茫期，不知道该如何选择未来的方向。虽然表面上看，我有很体面的工作、快乐的家庭、聪明的孩子、漂亮的大房子，但我的内心却非常迷失，找不到生活的目标。然而我发现我的很多困惑在本书中都有很有趣且深入的思考，我也因此决定挑战自己，出来创业。

谢家华是一个很有代表性的华裔创业者，1973 年出生于美国伊利诺伊州（Illinois），在旧金山（San Francisco）长大，父母都是来自台湾的留学生。他是很典型的非常聪明的亚裔小孩，从小成绩很好，大学读的是哈佛大学（Harvard University）计算机专业。其实在哈佛的四年，他大部分时间都在逃课，然后靠考试之前猛攻一下也能考过。然而这样一位聪慧过人的学生，其兴趣并不在读书，而是如何赚钱。大概五六岁的时候，谢家华就开始琢磨着怎样赚钱。他最早的想法是买一大堆蚯蚓回来，在自家后院养蚯蚓，希望以此来赚钱。后来到了哈佛，他便开始在校园里靠卖比萨赚钱，当时他住在学校宿舍里，每天晚上，就把比萨卖给他的同学和朋友们，乐此不疲。

1995 年谢家华从哈佛毕业后选择加入甲骨文（Oracle）从事程序员的工作。但他上班之后发现他的工作每天只需两三个小时就能完成，这让他感到很无聊。尽管当时甲骨文给他的工资非常高，但在忍受了五个月之后他还是辞职了。之后，他选择和他在哈佛的一个同学一起创业，他们开了一家叫作"链接交换"（Link Exchange）的公司，帮一些小公司交换它们的网址，并在"链接交换"的网站上做宣传。恰好那时是互联网发展的高潮时期，公司规模增长得非常快,他们选择在两年半之后以 2.65 亿美元的价格将公司卖给了微软,谢家华因此拿到了 4000 万美元,而那时他才 24 岁。接下来,谢家华成立了一家风险投资公司做早期投资,公司成立伊始他就用 2700 万美元投资了 27 家公司,其中一家公司后来成长为现在的 Zappos。

谢家华在《三双鞋》中自述了其工作、生活的三个阶段。本文也就这三个阶段来详细地谈一谈。

谢家华的第一个阶段是利润(Profit)。在这个阶段,他关注的全部就是怎样赚钱。前文讲到,他从孩童时期开始就想要赚钱,他尝试过很多方法来赚钱,比如他曾通过养蚯蚓赚钱,在哈佛时通过卖比萨赚钱,也曾通过定制扣子来赚钱。他定制扣子卖给他的朋友,每个扣子一美元。谢家华把朋友的照片印到扣子上以后再寄回去,每卖出一个扣子他可以赚几美分。后来谢家华开始创业,他把自己的第一家公司"链接交换"在成立两年半之后卖给了微软,赚了一大笔钱。不过当时他将公司卖给微软之后,被要求在微软停留 12 个月,如果在这期间离开,他就要少拿 20% 的钱,但他没有办法忍受在微软里无事可做的状态,因此宁愿不要那 20%,毅然决定离开了。在这之后他成立了一家上文提到过的风险投资机构,用 2700 万美元一共投资了 27 个创业公司,但很不幸的是,在互联网泡沫幻灭的时候,这 2700 万美元几乎都打了水漂,只剩下了一家美捷步。不过我们可以看到,谢家华在追求利益最大化方面是非常成功的,他在 24 岁的时候就赚到了第一桶金,而且金额非常巨大。

第二个阶段是什么呢? 就是利润加激情(Profit,Passion)。上文说到当时风投唯一剩下一家还"活着"的公司就是美捷步。美捷步是一家在网上卖鞋的公司,当时整个美国的鞋市场是 400 亿美元,而线上卖鞋才刚刚开始,还是以邮购为主。在 2000 年的时候,在线卖鞋的市场评估至少是 20 亿美元,谢家华看到了巨大的市场机会,决定自己试一试。在这个过程中,他开始的出发点还是为了赚钱。但当他有一天在家里把他想要的东西比如大房子、大电视等等全部列明之后，谢家华发现他其实并不需要那么多的钱，因此他转而关注自己到底想要什么。在这个成长过程中，他找到的是他的激情。谢家华认为他的激情就是想要创造一些东西。

美捷步前三年处于生长期，公司成长得很快，基本上每年都会以翻两倍的速度增长。但谢家华自己拿的是一美元薪水，而且不拿任何其他的钱。因此在公司一开始的成长过程中，他并没有赚到钱。而且美捷步还和很多互联网企业一样，需要谢家华不断地投入钱，才能不断地成长。到了2003年，美捷步的销售额已经达到了7000万美元。这个时候，他开始需要外来的资金来支持公司的发展了，但当时的市场很不好，哪怕公司的营业额已经达到了7000万美元，也还是拿不到任何一家风投公司的投资。谢家华几乎把自己所有的钱都投进去了，只剩下最后两个月的现金流。在两个月之内，如果没有投资，公司现金流就会断裂。但风投公司完全拒绝了他，他也没有任何办法。

在美捷步几乎走投无路的时候，谢家华做了一个很有趣的决定——去爬非洲的最高点，乞力马扎罗山（Kilimanjaro）。在攀登的过程中，他开始回想自己为什么要把所有的钱投在美捷步，做这一切的目的是什么，为什么不直接拿着从微软赚到的钱退休而要面对这么艰难的挑战。谢家华最后发现，是因为他在做美捷步的过程中看到了自己的激情，是这份激情一直驱使他往前走。

非常幸运的是，谢家华从乞力马扎罗山回到旧金山之后的第二个月，就拿到了富国银行（Wells Fargo）600万美元的贷款，这笔贷款让美捷步活了下来。当他拿到600万美元的那一天，他们公司的账上只剩下了仅够维持两个礼拜的现金。

谢家华第二个阶段的主要成就是把美捷步从零做成一家快速成长的公司。在美国，美捷步被认为是最具创新力的公司之一。在这个阶段中他有三个亮点。

第一个亮点是他做了公司文化手册（Culture Book）。通常我们一提到公司的文化是什么，大家都会觉得，文化就是一句口号，文化是贴在墙上的一个标语，没有人真正能说清楚文化是什么。但他做公司文化的方式比较特别，他让公司的每一个员工写一句话来回答"你认为什么代表美捷步"，他把所有员工的话集在一起，订成一本小册子，就作为他们公司的企业文化。

谢家华为什么要这么做呢？他认为员工对公司的认识就是公司的品牌。你想让公司的文化成为公司的品牌，就应该让公司所有的员工都认同公司的文化，要让公司员工有归属感。开始使用公司文化手册之后，谢家华给美捷步总结了十条核心价值观，分别是"用服务来感动客户"（Deliver WOW Through Service），"拥抱并且推动变化"（Embrace and Drive Change），"创造有趣且有点怪异的东西"（Create Fun and A Little Weirdness），"保持冒险的、创新的和开放的态度"（Be Adventurous, Creative, and Open-Minded），"追求成长与学习"（Pursue Growth and Learning），"以沟通的方式来建立开放的、诚实的关系"（Build Open and Honest Relationships With Communication），"建立一个积极的团队和家庭精神"（Build a Positive Team and Family Spirit），"花更少的钱，做更多的事"（Do More With Less），"要热情和坚持"（Be Passionate and Determined），最后一条是他特别强调的，"在任何时候，待人处事都要谦卑"（Be Humble）。

他的第二个亮点就是做到传递幸福。通常在美国网上买鞋，会要求退货在 30 天内完成，但是美捷步的退货政策是，不管你买了什么，如果你觉得不喜欢，可以在 360 天之内退货，并且美捷步会支付来回的邮费。所以你一次想买多少双鞋都可以，买回家试试看，如果不合适再退回去，双向免邮的政策让顾客不用负担任何的额外花费。美捷步还有一个很特别的地方就是它的呼叫中心，通常的呼叫中心会要求尽量缩短和用户交流的时间，而美捷步则正好相反。在美捷步，任何工作人员和顾客的通话都不会被记录下来作为绩效考核的依据，呼叫中心员工唯一被要求做的就是为打电话进来的客户解决他遇到的问题，让他感到开心。美捷步最终的目的，是让所有的顾客都变成它的终身客户。此外，美捷步还经常会给顾客惊喜，比如你昨天晚上才下单，第二天早上鞋子已经摆在家门口了。这就是传递幸福。

第三个亮点是他还在公司招聘上做了一件特别有意思的事情。通常大家都会说，我们公司要招名牌大学的学生，但美捷步招人有个非常明确的标准，就是一定要招和公司文化很吻合的员工。那他怎样找这样的员工呢？每个招聘到的员工，都会进行一到两个月的培训，不管你是律师、会计还是客户服务人员，或者仓库的服务人员，都要在所有的岗位上进行轮岗。两个月之后，公司会有一个集体的培训，如果哪一个人不愿意继续留在公司，在培训之后想要离开，美捷步会付给他们 2000 美元。美捷步的理念是，如果你觉得公司对你不合适，那么请你勇敢地离开，不要有任何遗憾，公司甚至会鼓励你离开。谢家华认为只有这样，留下的员工才是真正对公司有承担感、责任感和归属感的员工。他还做了一点，就是在招聘到合适的人之后，要想办法让留下的员工不断地成长。因此每个员工都会被要求有自己的学习目标，达到每一个目标之后都会得到一个小小的奖励，比如涨工资。美捷步用这样的方式来鼓励员工不断向前，不断地自我学习和自我成长。

谢天华的第二个阶段是从赚钱到追求激情的转变；到了第三个阶段，他就开始思考什么是其工作的目的（Purpose）。他强调，他做美捷步是要让它不断地成长、不断地往前走，他想让美捷步成为世界上最好的服务公司。也正是出于这样的考量，他才希望美捷步被亚马逊（Amazon）收购。美捷步被亚马逊收购之后，他们所有的运营、文化、团队、管理依然是完全自主的，他们只是变成了亚马逊大家族的一个子公司而已。这样他们就能坚持原来的理念，让美捷步成为世界上最好的服务公司，这恰好和亚马逊的价值观是一致的。谢家华的理念是传递幸福，但是要将幸福传递给谁呢？不止要传递给顾客，还要将幸福传递给员工,让他们能在工作中找到幸福,找到工作的目的。

　　《三双鞋》这本书告诉我们,在我们开始工作和创业的时候,出发点也许就是为了赚钱,但当我们的需求得到满足以后,就会开始思考是不是为了其他的东西。在这个过程当中,我们可以很享受赚钱,但不应该仅仅只享受赚钱的过程。因为这样的话,即使有热情将公司做大,也可能走不了很远。我们应该有一个更高层次的追求,也就是我们工作和生活的目的,我们应该在不断自我成长、不断带领公司成长的过程当中找到自己的人生目标。

《信仰：孙正义传》：笃信自己的判断，忠于自己的事业

分享作品：《信仰：孙正义传》，日本著名传记作家井上笃夫的力作，还原最真实的孙正义——日本最大的网络帝国缔造者。

分 享 者：王禹博士，希捷科技（Seagate Technology）研发中心高级工程师。博士毕业于美国明尼苏达大学（University of Minnesota-Twin Cities）机械工程系，本科和硕士毕业于清华大学。

近年来，随着阿里巴巴的兴起，电子商务浪潮席卷中国，矗立在其背后，和马云有着一段脍炙人口的投资经历的日本软银集团缔造者和掌舵人孙正义先生，也逐渐为中国社会所熟知。作为拥有"神童"、"电子时代大帝"等传奇称号的第三代韩裔日本人，这个身材矮小的男人拥有一连串传奇般的纪

录：23岁创办软银（Soft Bank），不到20年就缔造出日本最大的网络帝国；1996年投资雅虎（Yahoo）和2000年投资阿里巴巴已分别成为投资传奇；2012年以200亿美元收购美国电信运营商斯普林特（Sprint）；还曾经一度力压自己的至交好友比尔·盖茨（Bill Gates）登上世界首富的宝座。2014年阿里巴巴在美成功IPO（首次公开募股），最大的赢家又一次被公认为是孙正义。14年前，孙正义的软银集团在当时还名不见经传的阿里巴巴身上投下了2000万美元的赌注（后在第三期融资中追加至8000万美元），这不仅让这个中国制造商和海外买家实现互联的门户网站演变成了中国头号网上商城，也让软银所持的股份价值暴涨到600亿美元以上。进而，这位商界奇人借力阿里上市，有望再次问鼎世界首富的宝座。这正应了互联网上的一句话："任何故事在拥有了辉煌结局后，往往都会被包装成传奇。"（《21世纪经济报道》）。

传奇之所以能够成为传奇，就是因为它的卓尔不群和不可复制性。但是再辉煌神秘的传奇背后，也有着决定其成功的朴素而实际的内外因素，以及对我们来说有参考意义的普遍规律。《信仰：孙正义传》这本书的最大价值正是在于对孙先生的成长经历和商业实践的细节性挖掘，它不仅为我们塑造出一个充满着超乎常人能力胆略的非凡人物形象，还展现出孙正义步步为营、积累渐进的真实商业奋斗历程，更给了读者一个仁者见仁、智者见智的想象空间。

本书的作者井上笃夫早在1987年就与孙正义先生结识，多年来积累了大量第一手素材，同时也产生了对孙先生由衷的崇拜，字里行间都不吝惜对孙先生的溢美之词。作者倾注的热情，一方面使本书自始至终都洋溢着积极向上的正能量，但另一方面也使得全书的整体风格显得长于叙事和抒情，在说理上稍显不够冷静，而且在整体结构上虽然是以孙先生的生平为主线，但内容基本上是由作者的意识所驱动，各种材料有信手拈来之嫌，略显松散。

孙正义先生之所以年少成名，且最终事业达至大成，关键在于其思想方式和执行力上有着一系列优秀的特质。这些特质单举某条也许并不显得那么卓尔不群，但结合起来就塑造出了一个知行合一、不断取胜的成功企业家。

其思想方式上的突出之处在于，他的人生哲学并不显扬于其高度或是深度，而更显扬于其敏锐、犀利和硬度。

孙先生在早年就具有对新鲜事物的急切追求，很单纯而又不打折扣的执着和勇气，更体现了他人生哲学的敏锐之处。

孙先生出生于一个韩裔日本家庭，原本也只是在一个视野比较狭隘的小家庭长大，但是在他初中的最后一年，他得到了一个赴美国旧金山（San Francisco）进行为期四周的语言研修课培训的机会。就是这短短四周中，年少的孙正义走访了加州伯克利大学（University of California-Berkeley），在那里他得到了人生的第一个启迪。按书中的讲述，在伯克利，孙正义和他的同伴漫步校园的时候，随处可见激昂演说的学生，敲着大鼓的青年，甚至还有躺在草坪半裸着上半身看书的女性，大家都是这么自得其乐，享受着美好的校园生活。在校内可以遇到形形色色的人，肤色和年龄各不相同，体现出美国文化的包容性。虽说在教材上读过类似的评论，但身临其境，年少的孙正义还是觉得很受震动。只要身处美国的大学，人人都是朋友，彼此可以随意交谈，这就是美国大学的风格，完全不在意国界，只有人与人的邂逅。

在这四周的语言研修课程结束后，孙正义回到日本，他的第一个念头就是：我不想在日本念高中了，我要去美国。在 20 世纪 70 年代，日本出国留学的人数并不多，尤其是像孙正义这样一个小家庭出身的孩子。能够有这样的志向，直接从初中一步跨到美国的高中，这是一个非常具有冒险精神的行为，同时也正体现了他对新鲜事物的急切追求。为了追求一片广阔的蓝天,孙正义毅然决定放弃在日本的学业,到美国开辟自己的道路。

孙正义对新鲜事物的敏锐,尤其体现在他对技术的热情上。就在孙正义刚到美国读高中的 1974 年,他有次路过一家超市,买到了一本科学杂志《大众电子》(*Popular Electronic*),其中的一张照片吸引了他,那是英特尔公司(Intel Corporation)发布的一张 I8080 电脑芯片的放大照片。由此,八倍的微处理器在人类历史上登场,这与后来个人电脑的诞生和广为普及大有关联。当时,孙正义脑海中的想法是,这样令人激动的东西真是前所未见,这个小东西也许能让人类的世界焕然一新。这样一想,他感觉仿佛从照片中喷射出了巨大能量,把他整个人都唤醒了。这是孙正义的原话,而他当时不过是一个刚刚进入高中的学生。那一天,孙正义剪下了这张照片,塞进作业夹,放进了背包,片刻都不离左右。也是在这个时候,孙正义开始考虑应该以怎样的姿态参与到计算机行业中去。

无独有偶,同样是在 1974 年,年长孙正义两岁的比尔·盖茨当时还是大二的学生,他拿到这本《大众电子》的时候也同样激动万分,难以言表。比尔·盖茨曾经对《大众电子》的作者说:"太激动了,在个人电子技术领域方面,我认为人和电脑的关系已经完全改变了。"由此我们能看出,在那个年代,像孙正义、比尔·盖茨以及不久之后成立苹果公司的史蒂夫·乔布斯(Steve Jobs)这样的人物,他们在面对新技术的蓬勃发展时是何等敏锐。

如果说,对新鲜事物的这种敏锐和追求,只是说给孙正义的正确发展开了一个头,那么他思想上的第二个优势就是他有"敢为天下先"的魄力。他的整个人生是开拓战斗型的,而不是经营型的,尤其是他"敢为天下先"的精神,总让你觉得他跑在了时间的前面。比如,他在伯克利开始读大三时就着手创业,在大学毕业之前就通过与当时日本夏普(Sharp Corporation)公司的合作获得了人生的第一桶金。他"敢为天下先"的精神在他后来创立软银集团上体现得更为明显。软银集团本身并不生产任何产品,早期做的是软件的大批量采购和流通，后期大范围从事对企业的投资，看起来更像是一个投资银行。

对于人们对软银为什么不生产产品，为什么不像正常企业那样经营，为什么要把赌注全下在数码产品上的质疑，孙正义用自己的话做出了回应，他是这么说的："如果建立生产商品的工厂也就是挣钱的企业，那就是英明的管理者吗？兴办实业的重要性是不言而喻的，但是反观近一两百年来的日本经济，有哪些企业家能够做到创造并提供世界领先的基础设施，率先使人们的生活方式得到进化？如果把欧美研制的汽车、家电产品稍微降低一些价格投入市场，然后在生产流通上小有所长，这样的企业多如牛毛，但那都是模仿欧美，照样画葫芦罢了。而对于我孙正义而言，实业家是做什么的？就是要开辟道路、建设电网、打造社会的基础设施，这意味着要改变社会的结构。"软银集团之所以按照这样的思路发展，也是源于孙正义对真正的大事业的一种畅想。这也体现了他"敢为天下先"的魄力。

在这样一种"敢为天下先"的魄力基础上，孙正义思想的第三点特质就是他具有一种不做则已，只要做了就必定完成的强大信念，以及敢于挑战强手、不断斗争的信心和勇气。拿他自己的话说，男人光是聪明没用，非得一根筋地深入探索奋斗才能长大。在软银发展的早期，公司从事大规模的软件采购、批发和专营销售。在销售额节节攀升的情况下，孙正义曾经遭遇过一个严峻的挑战，这正是对他敢不敢挑战强手，把事情做下去还是知难而退的考验。因为当时软件销售到了一定阶段想要扩大销量，在主流的计算机杂志上做广告是必不可少的，但是在1982年，日本主流的三家计算机杂志统统拒绝了他刊登软件广告的要求。为什么呢？因为这三家杂志自己也有意从事软件交易，和日本软银构成了竞争关系，所以他们联合起来拒绝了孙正义刊登广告的要求。

在美国，人们常说的一个词就是公平，机会是人人均等的，但在当时的日本,孙正义见到的是小企业在市场上完全没有话语权。面对这个"日本特色"该怎么办? 孙正义的选择不是退缩,而是绕过去。他直接做了一个决定,既然软银的目标是迟早要成为计算机行业的领军者,那么早晚有一天它会涉足与计算机相关的出版业,不如就索性把计划提前,直接创办杂志社,立志使它成为日本第一的计算机杂志,和已有的三大计算机杂志展开针锋相对的竞争。在这条道路上,孙正义先生也经历了一系列的挑战,有一系列精彩的故事。但是他早期做决定所体现的魄力、敢于挑战当时市场权威的勇气,以及把要做的事情必定做完的强硬,应该是读完这本书给人带来的最大的一种感受。

思想和方式上的锋利和强硬,只能说是给孙先生人生的成功奠定了一个大势和格局,但真正在每一步发挥实际作用、推动他事业进步的发展因素,还是他的执行能力。孙正义的做事风格体现了一个实干家的系统、缜密、坚韧和扎实,可以归纳为以下五点:

首先,孙正义做事极其重视系统方法的运用,具有充分的战略考虑和战术准备。这个和他雷厉风行的作风是一脉相承的。在孙正义从伯克利毕业、回到日本创建软银的时候,实际上他已经有过成功的创业经验,淘到了人生中的第一桶金,已经是一个年轻的企业家。但是在软银创立之初,即在他二次创业的时候,他并不是随便开始,而是非常审慎地以做学问的态度来规划自己人生大业的发展方向。当时孙正义描述自己的状况是,就像驶进了看不见出口的隧道,深感不安。因为他知道自己一旦决定做什么事情就绝不改变,他的梦想是在这个已经决定的领域里成为第一,但问题是现在困在一个起步的阶段,究竟该从哪里入手。他用自己的话说是:"我当时倒不是因为懒惰所以迟迟不做出决定,我绝不会半途而废向命运妥协。但是选择有很多,就算想到什么马上去做的话,花上10年肯定就做到头了,到时候又不得不转行,我可不想这样。"

　　这时，孙正义拿出笔记本，这是他从念大学时就养成的习惯，他把脑海中浮现的所有想法都写了下来，一一列举选择的必要条件。典型的条件如下面所列：第一，如果不能赚钱，创业毫无意义；第二，行业的发展前景是否足以面向未来；第三，接下来的50年是否足以专注面向这一行业；第四，巨大的资本并非必不可少；第五，因为年轻所以可以成功；第六，将来一定能够成为尖端企业的核心业务；第七，要从事的是谁都想不到的独特商业；第八，最迟也要在10年内至少成为日本第一；第九，事业成功的关键在于拥有让人信服的信念；第十，从20世纪的后半时期就要开始走向世界……除了以上所列，他又林林总总列了25条。

　　如果仅从表面上看，这些都是正常不过的经营哲学，但是孙正义的特别之处在于，他把以上的每一项都结合了相应的指数进行研究，把各个行业按照他列出来的原则进行逐条分类，并打分、评估。根据这些标准，每个行业的研究资料叠起来有接近40厘米，而若把他研究的40多种行业的资料叠在一起竟厚达10多米。最后在充分调研的基础上，他下定决心，要把自己的一生奉献给综合评分最高的行业。他把装苹果的箱子当作讲台，站在上面，对当时仅有的两名日本员工热情洋溢地说道："我们将来的销售额，5年要达到100亿日元，10年要达到500亿日元；有朝一日要像数豆腐一样，一丁一丁的。"（十亿为一兆，日语中"丁"和"兆"同音）这就是孙正义的伟大志向。

　　在经过充分的战略思考和战术准备的基础上，孙正义做事风格的第二点就是做事不拘一格，具有很强的实用性。在美国求学期间，孙正义创造了一个什么记录呢？只用了3周就完成了他的高中学业，不到两年就念完了圣名大学（Holy Names University）的课程。1977年，他顺利进入加州大学伯克利分校。一直到他毕业，他有8年的时间都没有伯克利的毕业证，什么原因呢？是因为当时他要回日本进行二次创业，等不到毕业典礼的举行。他在毕业典礼举行前一周便返回了日本，他后来说到这件事是这样说的："我去念大学是为了学到本领而不是为了毕业证。"所以直到8年以后,他有一次去美国时才顺便领回了早该领到的伯克利毕业证。

在做事务实的基础上,孙正义做事风格的第三点就是一旦他选定了一件事情,就十分专注,非常刻苦执着。这点在他少年时期,尤其刚刚来到美国的学习经历中体现得最为明显。他来到美国以后所做的第一件事情是什么呢?买了一扇门。美国的这种门一般是通到天花板的大家伙,不像我们一般看到的大门或房门。他去家具店买了一扇没有把手的门,搬回房间后,放在了两只钢制的柜子上,做成一张特大号的书桌,上面摆满了教科书、字典和参考书,另外在三个地方装上灯照亮桌子。从这一天起他的刻苦学习就开始了。无论吃饭还是洗澡,他都不忘学习,就算泡在浴缸里,眼睛也没有离开教科书。开车的时候他还坚持学习,他把讲义录在磁带里收听,或者在等信号灯变绿时看书,后方喇叭直响,他才匆匆启动汽车。

当时,他在校园里的打扮也很古怪,不仅在肩上的黄色背包里装满了教科书,就连身上穿的裤子也充分利用。他在裤子上缝了一个大口袋,总共插了15支笔,还将尺子甚至袖珍计算器都装进了他的裤子口袋里。在两节课的间隙中,伴随着他的跑动,裤子大口袋里"嚓嚓嚓"的声音响个不停,以至于校园里的其他同学看着这个很诡异的男生在校园里奔跑,大家都在想,这个家伙在搞什么?

由于与单芯片微型计算机的未知世界不期而遇,孙正义开始了刻苦学习的经历。这份刻苦精神伴随了他的整个事业生涯。

第四点,孙正义做事不迂腐,不拘小节,而是极善于调用各种手段实现自己的目的,这体现了一个实干家的基本素质。这点在一件看似和商业没有直接关系的事情中体现得特别明显。当孙正义刚刚回到日本开始创业的时候,希望用自己的本名"孙正义"来取得日本国籍(之前他一直未加入日本国籍),可是日本的法律却拒绝了他的要求。这是因为在日本的姓氏中并没有"孙"，没有先例，想入籍，孙正义必须改名。但是孙正义体现了他性格执拗的一面，为了显示出自己作为一个韩裔人士在日本社会中打拼的独立性，他并不希望改名，但是他也知道不可能与日本法律硬拼。于是他想到一个办法，按照韩国的风俗，夫妻成婚后不必统一姓氏，他的日本妻子当时保留了"大野"这个姓氏，于是他首先让身为日本人的妻子向法院提出申请，要求把"大野优美"改为"孙优美"。由于大野优美本来就是日本人，改名这个问题是可以办到的。然后孙正义再去问："现在有没有姓孙的呢？"对方回答："是有一个，就是你的妻子。"如此一来，叫"孙正义"的日本人也就诞生了。类似的灵活处理的手段在孙正义的事业生涯中比比皆是。

孙正义做事风格的第五点，也是相当体现个人性格的一点。即他具有在面对挫折时的极大弹性和承担失利的责任感。孙正义人生中面对的最大挫折是在他 26 岁的时候，当时日本软银集团已经开始飞速发展了，一场病魔却突如其来地闯入他的生活，他被诊断为慢性肝炎，而且是重度慢性肝炎，离肝硬化近在咫尺，下一步恐怕就会发展成肝癌。重度慢性肝炎在 20 世纪 80 年代几乎是不治之症。那段时间，作为一个年轻企业家的孙正义极其痛苦。关于那段时期，他后来对本书的作者井上笃夫是这样说的："晚上，房子里只有我一个人，我不禁哭了起来，倒不是治疗很难受，而是想想孩子还小，公司才刚起步，为什么偏偏要在这个时候面对死亡？如果不隐瞒病情的话，银行的贷款马上就要断了，为此还要悄悄溜出医院去参加公司的会议。这时候，我彻彻底底想过了，自己拼命工作到底是为了什么，结论就是，给人带来快乐。"

孙正义先生说的这段话，可能有点事后拔高的想法，但至少孙正义当时的行为是非常让人敬佩的。一方面，他坚持参加公司的会议，同时以到美国出差休长假为由进行治疗，让大部分员工始终认为公司总裁仍与大家一起工作，同时也积极安排职业经理人接手自己的工作。在这期间，他还打赢了一场与有"日本比尔·盖茨"之称的西河彦的专利权之战，为整个日本的中小软件开发商赢得了生存空间。非常幸运的是，由于慢性肝炎治疗技术的飞速发展，孙正义先生坚持了一年后，通过新的疗法，彻底摆脱了病魔。

另外，更能体现孙正义困境之中强烈责任感的例子是：他大病初愈，恢复对公司的控制后，创立了一份购物信息杂志——《标签》(TAG)。事与愿违的是，当时杂志经营策略失败，公司一下子背上了1亿日元的赤字。在采取各种办法都没有好转的情况下，孙正义宣布，所有的责任由自己承担。孙正义当时办这份杂志的时候，曾和整个集团公司有言在先，如果半年后销售没有起色的话，那就毫不犹豫地停办杂志。如此，杂志只能停刊，但是其半年的赤字累计就达6亿日元，再加上扫尾工作的4亿日元，总共10亿日元。这在当时绝对是一笔巨款。回到家里，孙正义罕见地直接向妻子说明了当时的困境，他的妻子都怀疑是不是听错了。当时的日本软银好不容易才有了1亿日元盈利，孙正义想的是不能让企业蒙受损失，因此，他只能出售自己所持有的股票，除此之外，别无选择。想想如果是一般人，自己大病初愈又背上了一笔看起来几乎一辈子都还不起的巨款，恐怕早就心灰意冷了。但当时的孙正义并非常人可比，无论发生什么事他都毅然挺住。一方面，他勇于承担天价债务；另一方面，身处困境的他积极思考，直面难题。后来他通过一个新产品的开发，并与当时一家电信公司合作，短期内取得了巨大的成功，也顺利还清了个人债务。

谈完了孙正义先生本人思想和做事上的典型风格，最后我们再回到本书的主题，也就是"信仰"上来。孙正义先生的"信仰"应该如何理解呢？在这本书里并没有非常明确地表述出来。我们还是要从孙正义先生的偶像坂本龙马这个重要的历史人物谈起。坂本龙马生于日本幕府时代末期，是一位引领了时代变革的热血青年。坂本龙马在当时开创历史先河地脱离了他所在的土佐藩，由一名依附于幕府的武士变成了一贫如洗的无业游民，后来在神户的海军操练所任教。元治元年(1864)，坂本龙马为在长崎经营海运和贸易的"龟山社中"效力，之后组成了海上救援队，这在日本历史上非常有名，促成了萨摩和长州联合的伟业，最终宣告了德川幕府的寿终正寝。同时，他还为"大政奉还"这个日本重要的历史事件出谋划策。庆应三年（1867）十月十四日，江户幕府第十五代将军德川庆喜请求交还朝政，次日得到批准，自镰仓幕府成立以来的长约700年的武士统治就此结束。

但是，幕府统治结束不久，年轻的坂本龙马在一场事件中遭到了杀害。龙马不仅在日本幕府统治结束这件事上起到了关键性的作用，同时他也有许多敢为天下先的大胆行为。他是日本第一个度蜜月的新郎，是日本第一个穿上西式长靴的"时尚人士"。孙正义三次精读了《龙马奔走》这本有关坂本龙马精神的传记，分别是在他15岁下定决心去美国留学的时候、患病住院抗争病魔的时候，以及后来力排众议收购计算机经销商博览会（Computer Dealer's Expo，简称"Comdex"）的时候。当他面临公司的一片质疑声，大家都认为他投资不明智的时候，都是坂本龙马赋予了他勇气。

从这点上看，孙正义这部传记所体现的"信仰"二字，其实就是一种对所谓的时代变革方向的判断和笃信，是对事业成长所需要的一种大义的忠诚。拿他自己的话，可以这样形容："在我一生的整个商业活动中，人们说这说那，有人说我冷酷，有人说我不近人情，但是这都只看到了当前。如果在100年后回过头来看，我该做的，我们公司该做的，就是数字兴起革命，这才是最重要的大义所在，除此以外，其他不值一提。创业型的企业家在均衡了收支之后，需要描绘成长蓝图，使整个企业在平衡中发展壮大，如果做不到这一点，那太无聊太黑暗太可悲了。真正的领袖，真正的船长，并不是和大家讨论之后再作决策的，而是在船眼看就要沉没的时候，即使船员在相互斗殴，即使桅杆被一根根地锯倒，即使不听从命令的人说'你是傻瓜，给我跳下船去'，但是作为船长，他必须将剩下的大部分人平安送回陆地。"这就是孙正义所说的领袖才能，也是贯穿整部书所谈的主题——"信仰"之所在。

《当下的幸福》： 在艰难的日子笑出声来

分享作品：畅销书《当下的幸福：我们并非不快乐》(*Flow：The Psychology of Optimal Experience*)的作者为"心流"理论之父、积极心理学大师米哈里·契克森米哈赖（Mihaly Csikszentmihalyi）。前美国心理协会会长马丁·塞利格曼誉之为"积极心理学的世界级领导人物"。

分 享 者：郭旸，英文名 Alex，博士毕业于斯坦福大学电子工程系，目前在做博士后研究，曾任 Cisco 高级工程师，硕士毕业于托莱多大学(University of Toledo)，本科毕业于清华大学。

《当下的幸福：我们并非不快乐》(*Flow：The Psychology of Optimal Experience*)是美国匈牙利籍心理学家米哈里·契克森米哈赖（Mihaly

Csikszentmihalyi)所著的一本具有开创性的心理学书籍。该书作者出生于1934年，是匈牙利人，二战期间进过意大利的监狱。在监狱里，他看到周围很多人都因为战争而变得悲观消极，难以拥有快乐的生活。在这样的背景下，米哈里发现了一个克服心理障碍的好方法——下象棋，与此同时他也一直都在探索如何让人变得快乐。

后来，米哈里去瑞士滑雪，镇子上正好有一个关于飞碟的免费研讨班，但是研讨班的主讲人讲的其实并不是外星人、飞碟、怪物，而是心理学方面的内容，比如为什么当时欧洲对飞碟这么狂热。按照主讲人的理论来说，那是因为经过战争的创伤之后，大家都希望在混沌的内心中找到一些秩序，而飞碟正是他们心里对外界的一种投射性寄托。后来他得知，研讨会的主讲就是大名鼎鼎的卡尔·荣格(Carl Gustav Jung)。米哈里听过研讨会后深受启发，决定去学习心理学。因此他在22岁的时候来到美国学习心理学专业，后担任芝加哥大学(University of Chicago)心理学系的系主任。他对于寻求快乐方法的研究，在心理学领域一直是比较经典的。

《当下的幸福》的创作是基于米哈里很著名的一项研究。在研究中，所有参与研究的实验对象都被配发了一个寻呼机，他们需要佩带寻呼机一个星期。在这一个星期中，这个寻呼机每天都会响八次，时间都是随机的，一旦寻呼机响了，研究对象就要拿出事先准备好的表格，记录下当时所有的一切——脑子在想什么、手里正在做什么、还想要做什么以及是否感到快乐。通过不断地收集，实验结束后一共得到了十万条记录。米哈里这个经典的研究方法一经发表，各国的研究机构纷纷尾随效仿，收集了很多的数据。通过对大数据的对比分析，研究者在"人在什么时候会感觉到真正的快乐"这一研究课题上有了新发现，并得出了一些非常独特的结论。

米哈里曾经发表、出版过很多专业的论文和书籍，基本都是面向专业心理学人士的，而《当下的幸福》则是面向大众的。他在书中试图回答一些几乎每个人都想过的人生问题。比如说,我们生命中遇到过很多或好或差的体验,那这些体验为什么会给我们留下截然不同的好坏感受?它的根源到底在哪里?当我们在进行体育运动或玩电脑游戏时会觉得非常享受,而有的时候在学习和工作中做一些不得不做的事情时,却往往会觉得非常枯燥,为什么会这样呢?

传统意义上,工作是一件比较辛苦的事情,多数人认为工作只是为了谋生,因此我们要追求的是如何有意义地度过工作后的闲暇时光。但有时候会出现以下这种情况:闲暇时光并不一定能给我们带来快乐,也不是最佳感受。这到底是为什么呢?一些在高科技领域的工作狂,他们的快乐是建立在高强度的工作上的,硅谷就有很多这样的人。这个现象不仅在高科技领域存在,在医学界也很普遍。面对这样的人,你哪怕给他十倍的钱让他去做其他的工作,他也是不愿意的。这些现象出现的原因是什么?工作狂到底是怎么回事?这些人工作的热情背后到底是名利在驱动,还是有一些其他的因素?难道其他的因素才是背后的驱动力吗?书中提到在一些中学里,美国青少年吸毒、暴力、滥交等现象都很典型,那么这些问题背后的根源是什么?为什么体育活动在中学里这么重要?这些都是很重要的问题。我们身处的客观环境是无法控制的,会有顺境也会有逆境,但为什么有些人即使在逆境之中也能找到快乐,并且过得很充实,可以不断地改善自己的生活质量,充实自己的人生体验。而有些人,即使在物质充足的环境中,却仍然不快乐、不满足,这些现象背后的根源到底是什么?

这本书里面的思想和我们以前经常接触到的唯物主义思想不太一样,作者认为除了客观的环境之外,个体主观上对客观环境的过滤也是非常重要的,这种主观的感受是我们可以控制的,而这种控制能力又是可以训练的。米哈里的视角很独特,他所得出的结论背后也有着大量的实验数据和真实例子作支撑。

这本书一共分为十章，在此简单进行论述。

第一章的标题是"新快乐·心快乐"（Happiness Revisited）。生活中，我们都曾有过一些所谓的最佳体验，比如在驾驶帆船的时候，自己操控帆船在波浪之中驶向预定的方向。在做这件事的时候，我们会变得非常专注，忘记所有的烦恼，忘记时间的流逝，也忘记周边的一切。画家在创作的时候也会有类似的体验；父母在和孩子交流的过程中，有时候也会进入忘我的状态。这是一种极致的幸福感受。这种状态在很多领域、很多行为中都会出现。这种最佳体验，跟我们以前理解的快乐、休闲并不一样。这种体验往往不是被动获取，而是人们在身心被挑战的情况下，达到甚至超出自我预期的目标后主动产生的快感，而这种最佳体验在当时可能并不一定是愉悦的。攀岩的人就经常会有这种体验。在攀岩的时候，攀岩者浑身的每一块肌肉都是紧张和酸痛的，当时直接的生理感受并不一定是愉悦的。这些真正意义上的最佳体验，是能给生活质量带来最佳提升的。

第一章还提到了人类不满足、不快乐的根源。作者认为，我们外在的客观世界并不是为了某个人的喜好而设计的，所以客观世界一般是处在混沌的一个状态。只有用我们的头脑去过滤信息，并在这种混沌之中找到秩序，我们才能获得最佳体验。这种通过过滤找到所谓秩序的过程，就是我们通过自身努力去追寻人生目标的过程。因为我们每个人都对人生有一个或清楚或模糊的想法，然后这个想法就作为我们在做每件事情时判断跟该事件契合度的一个标准，同时也成为判断我们生活质量的一个量度。但是问题也随之而来，因为我们对于生活的预期是在不断上升的，所以完成预期本身就是很难的一件事情，客观环境并不能自然而然地给我们带来最佳的体验。要获得最佳体验不能完全依赖外在环境，而是要锻炼自身的一种能力——即把外界的客观环境和信息进行筛选过滤，并找到它的秩序。这种秩序不一定符合客观环境的现状以及社会文化的现状。现代社会现状和文化环境流行的思维是把一切都跟愉悦挂钩起来，但愉悦并不一定是快乐的源泉。

作者在第二章中对意识做了一个解剖，探讨人类意识的工作方式。意识其实是大脑对外界信息的组织和排序。例如，我们的感官收到的外界信息量很大，但大脑处理这些信息的能力非常有限。研究表示，人处理信息的速度基本就是每秒约 126 比特，我们一生大约只能处理 180Gb 的信息，相比之下移动硬盘的容量都比这个大很多倍。当我们处理信息的时候，即做每一件事情的时候，都会占用大脑很大一部分容量。比如我们跟一个人谈话时，只是倾听这个人讲话每秒钟就会用掉每秒 40 个比特的信息处理速度。我们要将有限的处理能力用在什么地方，这就取决于意识。我们在意识里有意地对我们感官收到的信息进行组织、排序。另外，作者提出一个概念叫"心理能量"，即注意力。我们选择把这每秒 120 多个比特的处理能力放在什么地方，就是把注意力放在什么地方，这种选择在很大程度上就决定了我们的体验。这不同于马克思主义哲学上所讲的存在决定意识，存在决定意识是唯物主义的观点，即我们的意识完全是由外界的客观条件所决定的。而作者认为，客观世界里的客观条件会给你很大的信息量，你的头脑会对这些信息进行一个选择，这个选择的过程决定了你的意识。

讨论所谓意识的工作方式，它的意义是什么呢？第一点，意识经常会有混沌无序的状态，而我们经过训练可以让意识达到有序的状态，这就是作者书里讲的所谓的"境随心转"，这个"境随心转"的定义就是让意识达到有序的状态。米哈里曾经采访过一些在工厂里做视听设备的装配工，其中有一个装配工的名字叫胡里奥（Hulio）。胡里奥因为车坏了没钱修，一直担心晚上回不了家，所以上班无精打采，根本就没法集中精神。但同时也是在这家工厂里，有一个工人跟胡里奥做同样的工作、领着同样的低薪，叫瑞扣（Rico）。瑞扣对同样流水线的工作处理方法就完全不一样，他所负责的焊接工作,每一道工序完成平均需要43秒,但瑞扣就像一个奥林匹克运动员一样把这个工作当作自己的挑战,不断去创新,就像破纪录一样不断地刷新自己的成绩。他每天要做同样的重复性的劳动600多次。5年的时间里,经过不断的改进,他把这道工序从43秒降低到28秒就可以做完。他做这件事情可能会多得到一点奖金,但是基本上不会给他带来太多的好处,也没有过多的人会注意他。然而瑞扣觉得这件事情是他生活中一个重要的快乐源泉,在他看来做这件事情比看电视还有趣。所以,对于胡里奥和瑞扣来说,在外界条件基本上相同的情况下,对外界信息的不同选择,使他们有了完全不同的生活体验。那么,什么是最佳体验呢?什么是"境随心转"呢?简单地说,就是我们通过控制自己的注意力,为意识增强有序性。

紧接着作者又提出一个概念,就是愉悦和享受是不一样的。愉悦主要是满足了一些生理的需要或者达成了社会给我们预设的目标,而享受呢,它的特点是新鲜感和成就感,这才是真正能提升人的体验的。作者提出真正的享受有七个标志:第一是对技能的挑战。第二是行动和意识要合一,你要沉浸在所做的事情里边,没有心思去关注其他东西,完全融入所做的事情。第三就是目标非常明确,做事情要有明确的目标,然后不断地给你的意识进行反馈,能随时知道自己现在进行得怎么样了。一个典型的例子就是外科医生,他的目标就很明确。比如说要做一个心脏移植手术,在做的过程里医生对每一步的反馈都会非常明确,一刀切下去如果大出血,就要马上进行缝合,缝合了以后要观察伤口还会不会继续流血,每一步的工作都一目了然,所以外科医生的工作本身就能够获得比较正面的体验。第四,是我们要集中当下的任务。第五,要对自己人生有一种控制感。第六,当我们有真正的当下的幸福的体验时,自我意识经常会暂时消失,也就是不太在意别人对自己的看法。最后一点就是我们对时间的体验发生了变化,有的时候觉得时间不知不觉就过去了,有的时候又觉得周围的一切好像进入一个慢镜头一样。

第三章的标题是"欢喜三昧"（Enjoyment and Quality of Life），主要讲如何提升我们的人生体验。从方法上可以分成外在和内在：外在是指我们要改变客观的世界，内在是指我们要训练自己专注于信息的能力以及对信息的过滤能力。这两点缺一不可，一定要结合起来。之前人们总是强调很多外在的东西，比如说要追求人生的幸福，多数人就会把追求财富作为人生一个很重要的目标，但你想象一下，财富真的会给人生带来幸福吗？作者经过研究，发现财富对于人生的幸福感、人生的总体体验是有一定作用的，在富有者当中有77％的人是幸福的，而在财富属于中等的人群中，只有62％的人觉得自己是幸福的。米哈里研究的富人是在美国最富的400人中间选的，也就是极端的富有，而这些极端富有的人相对那些财富在平均水平的人，幸福的概率也只提高了15％。因此可以说明财富并不是万能的，它的作用是有限的。

第四章阐述的是产生心流（flow）的条件，以及进入心流模式的方法。作者在书中提出了一个模型，就是我们完成一件事情本身的挑战和我们完成这个挑战需要的技能一定要平衡。具体请看以下这幅图。

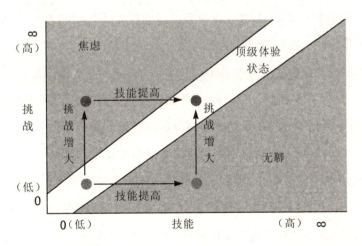

纵坐标代表挑战，横坐标代表我们使用的技能，中间的两条线表示这两者基本上是互相平衡的，这时候我们就很容易进入心流的状态，也就是最佳体验

的状态。然后作者又提出另外一个概念——自带目的性人格（Autotelic Personality），就是有些人有很强的能力，能够把即便是比较一般的、比较平常的体验变成很有成就感的事情，这种能力是可以训练的。这类人集中注意力的能力很强，但自我意识不是特别强，不是完全以自我为中心，而是处在一个比较平衡的状态。正如图中所绘，当我们处在心流挑战上方，我们遇到的挑战远超出自身可承受的范围，就会进入一种焦虑的状态；当处在心流挑战下方的时候，我们的技能并没有得到充分的发挥，这时候我们就会进入一种无精打采的状态。

自带目的性人格还会受社会和家庭的影响。比如纳粹或越战的战俘，他们在艰苦的监狱条件下，能够采取一些头脑游戏的方法把很糟糕的现实体验变成一种可以忍受的甚至带来愉悦的体验。在斯蒂芬·茨威格（Stefan Zweig）写的《象棋的故事》里，主人公的境遇就是如此。主人公被关禁闭，生活在一个跟外界完全隔离的并且平常人难以忍受的环境里，在这里，小说主人公通过拿到一些象棋书并研究上面的棋谱，改变了自己的心理境遇，并且学会了很高的象棋技能，这就是对意识的一种控制。

在《当下的幸福》这本书后面的第五、六、七三章中，作者举了一些具体的例子，具体讲述了我们如何在生理、心理上获得所谓的当下的幸福。比如书中第七章提到了"工作之乐"（Working Flow）。多数人对于工作的态度是负面的，认为工作是为了生存而不是享受，人要过得幸福就要少干活、多休闲，这个观点和研究成果是不相符的。他们通过分析寻呼机实验记录下来的数据，发现了一个奇特的现象。如果你面临的挑战难度系数在平均水平以上，而你用到的技能也是平均水平以上，那么这时候你的体验也是在平均水平之上的。作者发现在工作中这种情况的发生率高达45%，而休闲的时候却只有18%，显而易见，我们在传统文化教育中接收到的一些概念，即认为工作辛苦而休闲才是幸福享受的观点并不正确。工作很可能给我们带来最佳体验，而享受的时候你会投入很大的精力去安排休闲活动以至于不能很好地体验幸福感。拿中国古代庖丁解牛的故事作为例子,庖丁做的是很琐碎辛苦的工作,但是他对工作投入极大的热情并极度专注,致力于研究如何更完美地完成工作,最后将工作上升到艺术的高度,而他自己也从中获得了极致的工作体验。

作者在第八章告诉我们如何在独处或跟他人相处交流时进入当下的幸福的状态,这是人们在生活中必备的一个技能,有助于最大程度地追求生活的乐趣和享受。

在第九章,作者意在告诉我们如何在逆境中找寻快乐。虽然人的一生经常会受到很多客观条件的制约,但其中最重要的还是人们的主观体验。因为经过我们的筛选过滤,遗留下来的客观条件才能影响到体验的好坏。面对不幸的环境或巨大压力的时候,所谓的"自带目的性人格"就派上用场了。它基本需要这么几点:第一就是要有明确的目标,第二要沉浸在行动之中,第三要专注,第四要学习以享受当下。当然要训练这种能力不太容易,需要很大的决心和很强的自制力,所以人生的最佳体验往往是靠自主行动才能最终获取。

米哈里在这本书的最后提出了两个终极的问题——什么是快乐的本源?人生的意义究竟在什么地方?他在书的最后一章也试图回答了人生中最大的问题——人生的意义究竟在哪里?因为最后一章已经上升到了哲学的高度,只有依靠读者自身的仔细品读才能得到独特的收获,因而在此只简述一下最后一章的观点。作者在这里提到了两点:第一点是人生的意义在于目的性(Purpose)。作者对此并没有做道德的评价,只强调目的性。就像拿破仑(Napoléon Bonaparte)和特雷莎修女(Mother Teresa),他们做的事情从道德角度来评价是截然不同的,但是如果抛开道德不谈,其实这两个人是相似的,他们的人生都非常有目的性。其次是实践出真知,你要拥有把人生目标转换成行动的毅力(Resolution)。如果你能做到这两点,那么你的内心就会达到一种平衡,这是和谐(Harmony)。有目的、有毅力,内心才会和谐,人生的意义也许就会自然显现。

《遇见未知的自己》： 让全世界都为你让路

分享作品：华语世界第一部销量过百万、影响数千万读者的心灵成长小说——《遇见未知的自己》，华语世界首席心灵畅销书作家张德芬的代表作。从身、心、灵三个方面探讨主宰人生的模式是如何形成的，又如何操控身心，同时提供了如何解决这些模式的实际有效方法，从而摆脱思想、情绪和身体的桎梏。

分享者：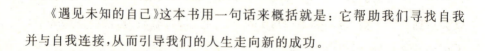张璇，滴滴打车天使投资人王刚团队成员。埃森哲(Accenture)管理咨询，曾为国家电网，联想集团以及医疗健康公司等提供战略咨询。先后在华中科技大学与杜克大学(Duke University)取得本科和管理工程硕士学位。

《遇见未知的自己》这本书用一句话来概括就是：它帮助我们寻找自我并与自我连接，从而引导我们的人生走向新的成功。

本书算是一本心灵成长类读物。其作者张德芬毕业于台湾大学管理系，后来成为台湾电视台的知名主播。在去加州大学洛杉矶分校(UCLA)攻读了工商管理硕士学位之后，她受到启发和指引，辞去高薪工作，专心研发各类心灵成长的课程。通过五年多的潜心打磨与学习，她于2007年6月份在台湾出版了这本有关心灵成长的小说《遇见未知的自己》，瞬时成为台湾各大书店的畅销书，读者反应非常热烈。

本书内容可以通过三个部分来解读：第一部分，"什么是真我"；第二部分，哪些因素导致我们无法找到真我；第三部分，突破重重障碍，找到并连接真我，从而使自己的人生真正实现心想事成。

《遇见未知的自己》这本书讲的是主人公若菱，在人到中年的时候，家庭、事业和生活各方面都遇到问题。她觉得自己活得很累，失去了自我。压力和失望的一步步累积，导致她常常陷入郁郁寡欢的境况中无法自拔。直到后来有一天，她与一位智者接触并受其指导，才突破重重障碍，找回真我，最终走向成功。

究竟什么是真我？换言之，我是谁？也许你觉得：我的工作、我的成功、我的外表就是真我；又或许你会说：我的情绪、我的思想等就代表我。其实可能不是的，因为你不是你的工作，你不是你的表现，你不是你的成功，你也不是你的失败，这些东西都是外在的，它丝毫不能动摇内在的真我。因为外在的这些东西是会改变的，而在你的潜意识中，总会有基本的、内在的真我和感觉，这是一直不会变的。只是它很难琢磨，也很难找得到。对于绝大部分人来说，意识总停留在外在的表象，他们感受不到真我与外界之间的联系，所以常会看不清自己是谁，因而很多时候会去盲目地攀附、追求那些可能对自己不重要的、错误的但却自以为很重要的东西。也正是因为这种外在的迷茫困惑导致他们会很痛苦。

什么是真我？这本书给出的答案是这样的：真我代表一种爱、和平和喜悦——爱是真正的、无条件的、不求回报的；和平是发自内心的祥和与平静；喜悦是由内而外的绽放，是从内心深处油然而生的——喜悦和快乐是不一样的：快乐是被动的，是由外界引发的。

作者还提出了一个同心圆模型，该模型从外向内共有五个同心圆，其中第一个同心圆代表的是角色扮演、身份认同，第二个同心圆代表的是思想，第三个同心圆代表的是情绪，第四个同心圆代表的是身体，"真我"在最中间。也就是说，由四个外在圈——角色扮演、思想、情绪和身体组成的同心圆层层地包裹着自我，这就导致了我们在现实生活中很难和真我实现有效的连接。

在论述外围四个同心圆是如何影响我们的生活，以及怎样做才能真正化解它们对寻找真我的妨碍之前，我们首先要了解什么是潜意识。每个人都有潜意识，虽然它是看不见、摸不着的，但它却主宰着我们的外在表现。我们的意识、自我认知、思考、判断、感情，其实都源于我们的潜意识。人的意识就像一座冰山，外在表现如同浮在水面之上的部分，可能只是整座冰山的百分之几，而潜意识则是水面之下的，真正有爆发力、有潜力的那部分。如果我们人类能真正做到展示和控制潜意识的话，后果是很惊人的。

关于潜意识和人生的关系，作者打了个比方：人生就像一架由车夫主宰的马车在奔跑，马代表我们的表象意识，很多时候我们觉得可以控制自己的人生做出自由的选择，但实际上可能你只是一个自动化模式下的机器，很多时候会身不由己做出一些选择，就像被牵着走的马一样，你朝左走，是因为车夫收紧了左边的缰绳，你被车夫控制了；马车夫则代表了我们的潜意识，换句话说，车夫其实是一个自动导航系统，他会影响我们下意识地做出一些决定或判断；而坐在后面的乘客代表真我，真正发号施令，引领我们到达目的地。只有和真我相互连接，我们才能真正挖掘内心最深层次的东西，去主宰自己的行动和命运。另外，潜意识会逐渐形成人生的模式。

人生的模式实际上是由多种因素形成的，比如性格倾向、外在环境、教育背景、生活经历等等，并最终反映在潜意识和表象意识当中。

那么我们如何突破表象以及潜意识，最终与真我沟通呢？回到刚才所说的同心圆模型，在真我之外的四个同心圆分别代表身体、情绪、思想以及身份认同。首先，从最靠近真我的同心圆——身体开始，你要学会如何与身体连接，跟身体会话，倾听你身体的信息。作者提到，任何一种能够让你专心致志、活在当下的运动都能够帮助你的真我与身体重新连接，所以你做什么运动本身不重要，重要的是你做的时候的心态和状态。

书中推荐了两种让身体和心灵连接的方式：第一种是静坐冥想，第二种是随时随地腹式呼吸。冥想其实是一种非常有效的放松心灵的方式，能让你的身体与心灵连接。许多人结束冥想之后，都会泪流满面。这是为什么呢？实际上在冥想的时候，你会发现一些本质的东西，这时你的真我已经和身体连接起来了。而腹式呼吸则能够排出体内一些没有用的空气，让人真正去关注身体的感觉。

由内而外的第二个同心圆是情绪。情绪其实是一种能量，很多时候它表现为一种能量流动，既然它会来，就一定会走。其实情绪对人的影响主要是取决于人们对它的态度，如果情绪来的时候没有被认可、被接受，它就不会离开，会一直滞留在身体内。所以很多时候，对情绪其实要做到臣服和认可，要全然地去接受，不要逃避，不要抱怨，才能最终驱散它。书中给出了这样的建议，即当你的情绪不好的时候，就要默念一句："我看见我在寻求被虐待的痛苦感受，我全心接纳这种感受，并且放下对它的需求。"很多时候人会觉得痛苦是因为在抗拒事实，所以，臣服的第一步，就是要看到自己的抗拒，并且看到自己的抗拒是徒劳无功、无济于事的。要继续默念："我不会继续在上面撒盐。我会努力让伤口好好愈合，使自己的情绪和心灵恢复健康。"快不快乐的决定权在于自己，和别人是没有关系的，而且真正的快乐是发自内心的。想要快乐，你首先要接受生活中的各种负面情绪，正视它带来的后果。只有学会了臣服，才能够慢慢去化解情绪并找到一条让自己喜悦的路。

关于情绪，书中有一句话令人印象深刻：在全然的爱和接纳中去经历这些情绪，不要逃避，不要抱怨，唯有带着爱的心灵之光才能去驱散它。情绪这个能量流也是有一定的灵性的，当你去接纳它，让它觉得已经被需要、被满足时，它也就离开了；而如果你去抗拒它，它就会永远滞留在你的身体里面，最终会带来一些负面的影响。所以不要在你的伤口上继续撒盐，而是要让这个伤口尽快地愈合，让你的心灵恢复健康。

第三个同心圆是思想。生活中的思想是由父母、老师、朋友、社会等外界因素灌输给我们的一些信念、价值观、态度形成的。一个人身处社会之中会背负很多的责任，人们会通过各种条条框框来约束衡量自己、批判他人，久而久之，就形成了我们每个人的思想。书中指出，由于很多时候人们不会去检视自己的思想基础是否正确，所以生活中我们根据自己的思想来判断事情这一行为可能本身就不是正确的。一个人的思想基础决定了他对事情的态度，而思想本身是中立的，同样的事情发生在不同的人的身上就会产生不同的效果。比如说一个悲观的人看到一件事情，他可能会觉得整个世界都黑暗了，从而引发一系列的思想和行为反应；而快乐或者积极的人面对同一件事情就可能会有相反的思想和行为反应。所以，为了能与真我连接，每个人就需要去检视自己的思想，让思想发生转变。一个人的负面思想和情绪是极需被转化过来的，因为当你用一根手指指向别人，对别人评头论足的时候，有三根手指是指向自己的。检视自己思想的一个有效利器是要定心，观察自己的思想，倾听自己内心的思考和对话，然后帮助自己建立觉知，并提升对事物以及对自我的觉察能力。书中的主人公也是在事业到了瓶颈期，婚姻也出现危机的时候，感到很迷茫，智者让她去检视自己的思想基础，因为可能很多自己从小就认为正确的价值观并非正确，很多事情其实并没有所谓的正确与否。书中的主人公正是通过跟这位老者以及和他的学生们聊天，检视并转变了自己的思想，才最终突破了思想的限制。

思想之外的最大的一个同心圆，就是身份认同。从小到大，每个人都在扮演不同的角色。为了演好这些角色，人们总是给自己带上形形色色的面具，于是就形成了很多"小我"。每个人用这些小我逐渐认同了自己所谓拥有的一些东西，比如说家庭、财产、工作、事业等等，它们成了我们身份的一部分。但这些其实不能代表真正的自我，一个人如果要透过同心圆与真我连接，一个有用的方式就是对身份认同的探索、觉察。很多人会认为我们拥有的这个身份是真我，一旦有这种想法，人们就会对这些身份有一种得失心态。而要突破这种身份认同，就必须要建立一种觉察的能力。首先你要能够看到自己认同的某些东西，同时要了解所谓的这些身份其实不是你，也不属于你，它跟真我实际上是有很大差别的。当你知道它不是你的时候，你就有可能抛弃外界这些所谓的身份认知，从而认识到真正的根本的东西，也就是上面所提到的爱、和平与喜悦。当你透过这四个同心圆与内在的真我连接起来，你离心想事成也就不远了。

开心是一个内在的过程，跟外在的环境是没有关系的。一旦你学会了破解身体的障碍，臣服和化解情绪，同时采用定静的方式来检视自己思想基础的谬误，运用觉察来放掉那些无谓的身份认同（比如你认为的一些外界的成功等），那么心想事成也就离你不远了。而这，就是一场心灵的历程。

书中有一段话说得非常好："所有的事情都是有能量振动的，两个相同频率的东西会互相吸引……当你真心想要一样东西的时候，你身上散发出来的就是那种能量的振动频率，然后全宇宙就会联合起来帮助你得到你想要的东西。……宇宙并不知道你正在发散的振动频率是因为你观察到的或是实际经历的事物，还是你记得的或是想象的事物。它只是接收到了你振动的频率，然后用和它相配的事物作出响应。"所以在没有实现目标之前应该去感恩、去思考。这段话与乔布斯曾经说过的一句话很像，他说："当你来到这个世界上的时候，你就注定要为它做点什么或者留下点什么。"

当我们寻找到真我的时候，无论你想要完成或者做成什么，全世界都会为你让路，整个宇宙也会联合起来配合你，因为你有足够的吸引力和能量场。在创业路上，当你想要做成一件事情，当你想要创建一个公司把它做成一家基业长青的百年老店，或者是想要实现一个什么样的心愿，只要努力，我觉得全世界也都会联合起来帮助你。

最后，套用书中的一句话来作为结尾：

"亲爱的，外面没有别人，只有你自己，没有人能知道你自己最终会走到哪里，但是你要确定你自己要去的地方。"

第二章　怎样做好掌舵手

《创业维艰》：怎样才算一位好 CEO

分享作品：《创业维艰：如何完成比难更难的事》(*The Hard Thing about Hard Things*)，硅谷年轻企业家的管理导师本·霍洛维茨(Ben Horowitz)的年度力作，揭秘如何防止创业企业走向自我毁灭的真正宝典。

分 享 者：梁海燕(Helen Liang)博士，硅谷连续创业者，UstartX 加速器创始人和 CEO，天使投资人，清华 x-lab 导师，创业读书分享类公众号"千读"创始人。曾在希捷科技(Seagate Technology)任高级工程师和产品经理，也曾应邀在清华大学、复旦大学、中欧商学院举办讲座。博士毕业于美国威斯康星大学麦迪逊分校(University of Wisconsin-Madison)。

《创业维艰：如何完成比难更难的事》(*The Hard Thing about Hard Things*)的作者是本·霍洛维茨(Ben Horowitz)，硅谷年轻企业家的管理导师。他凭借自己的丰富经验和专业技能，成为硅谷乃至全球知识经济中最令人敬佩的企业家之一。与一般讲企业管理的书相比，本书的特别之处在于，它更多地记述了本·霍洛维茨担任CEO时面临的艰难抉择以及他是如何从艰难中走出来的。

首先来介绍一下本·霍洛维茨。他是硅谷鼎鼎大名的投资人，出生于英国伦敦，在伯克利附近的一个中产阶级家庭长大，曾在哥伦比亚大学和加州大学洛杉矶分校（UCLA）学习计算机专业。他的爷爷奶奶是信仰共产主义的，这在美国很特别。他广为人知的身份是硅谷一家顶级的风险投资基金Andreessen Horowitz（简称A16Z）的联合创始人和主要管理人。在做风险投资之前，他曾有过长达8年的创业经历，前后共创立了三家公司。他的三段创业历程都非常有趣，当然其中不乏很多艰辛。他担任CEO的最后一家公司是Opsware，公司做得不错，在2007年的时候以16亿美元的价格卖给了惠普公司。

霍洛维茨还是一个很受欢迎的博客写手，他的博客在硅谷广受关注。有趣的是，他的每一篇博客都会配一首饶舌歌曲。在斯坦福大学授课时，他甚至会在开讲前先来一段Rap，总之是很有意思的一个人。

这本书其实也可以说是霍洛维茨博客的一个合集，内容颇丰。本文就书中一些尤为突出的亮点跟大家分享一下。首先从作者的三段创业历程——从Netscape到Loudcloud，再到Opsware说起，这部分主要向大家讲述的是如何做一个好的CEO。

霍洛维茨大学毕业之后，一开始去了硅图公司（Silicon Graphics，简称SGI），然后跳槽到了Netlabs，接着去了Lotus。在Lotus，他看到了第一个浏览器，当时叫NCSA Mosaic，或简称Mosaic，是互联网历史上第一个获得普遍使用和能够显示图片的网页浏览器。霍洛维茨对此很感兴趣，而且他很幸运地得到了Mosaic的开发者马克·安德森（Marc Andreessen）的面试。当时安德森很年轻，才二十二岁，霍洛维茨当时大概也就二十七八岁的样子，他们很投缘，霍洛维茨也因此去了网景通信公司（Netscape）。现在来看，霍洛维茨应该算是当时网景的第一个产品经理，负责网页服务器（Web Server）这一部分的开发。网页浏览器（Web Browser）刚被网景推出就备受追捧，作为第一个网络浏览器，它很快就被微软公司（Microsoft）盯上了。微软紧接着就推出了自己的免费浏览器，这样一来，网景的日子就很难过了。好在它还是找到很好的时机，在1995年的时候公开募股，当时的估值是30亿美元。由于微软的竞争，安德森和霍洛维苏在1998年的时候把公司卖给了美国在线（America Online，简称AOL）。但美国在线实际是一个媒体公司，不是一个技术型公司。安德森和霍洛维茨最后决定离开AOL，一起创立了一家做企业级软件和服务器的云服务公司Loudcloud。霍洛维茨担任公司CEO，安德森担任董事长。

由于他们之前在网景的轰动性成功，所以在创立新公司时很容易就拿到了很多风险投资。刚开始大概融资了1500万美元，后来很快达到了2000万美元。1999年，他们开始大规模招人，很快就招到了450名员工。由于当时的市场情况良好，再加上他们之前成功的经历，公司规模扩张得非常快。他们的公司其实是属于资本密集型企业，需要花大量的钱，所以他们很快又融资了5000万美元。

好景不长，2000年的时候，他们刚好迎来了dot.com危机的爆发，股市崩溃。纳斯达克（NASDAQ）在那个时候大概跌了80%，由霍洛维茨担任CEO的Loudcloud收益也少了60%。当时很难融资，处境非常艰难，大家不知道该怎么办。在这个时候，霍洛维茨做了一个非常聪明的决定，他觉得既然融资无望，那么不如干脆寻求首次公开募股（IPO）。尽管身处一个低迷的市场，但这可能是他们当时最好的选择了。实际看来，如果当时没做这个决定，他们离破产大概只有几个星期了。书中也描述了他们寻求公开募股的整个过程，相当艰难。霍洛维茨那段时间摇摆在两个极端的状态中，一个极端是狂喜，另一个极端则是强烈的痛苦。在推介路演的过程中，他几乎每天都睡不到两个小时。庆幸的是，最终募股成功了。但是，他还面临着另外一个艰难的处境，由于需要做并股，员工们都非常不满，对他很不理解，甚至怨恨他，这使他觉得自己很无辜，因为在这个过程当中，他只是做了他能够做的，而且从结果来看，这在当时的确是一个非常明智的决定。

在 Loudcloud 上市之后，霍洛维茨的创业之路依然非常艰难。他们很快失去了最大的客户——一个银行客户，因为它破产了。对于接下去的路该如何走，霍洛维茨当时看不到任何希望。经过非常冷静的分析之后，他发现，在他的服务器业务里有一个软件特别有优势，所以他当即做了一个决定，集中 10 个工程师专门来聚焦、开发这个软件。他当时的压力非常大，既不能向外界宣布他为什么要去组建一个软件团队，也不方便跟团队公开强调这个软件的重要性。但他认为这个是必须要做的决定，而实际上也正因为这个决定才最终挽救了这家公司。后来他把 Loudcloud 卖给了他们当时最大的一个客户——电子数据系统公司（简称 EDS），卖了 6500 万美元，也因此他裁掉了 140 名工程师。他这样做是为了把公司做软件的部分脱离出来，所以将其他的都卖掉了。凭着仅存的这部分，他创立了第三家公司，Opsware。

问题接踵而来，Opsware 要活下来，还是非常艰难，他们的大客户 EDS 对他们很是刁难，为了在夹缝中生存，他们不得不尽力满足大客户的需求。书中讲了一个小故事，有次霍洛维茨收购了一家小公司，叫 Tangram。这个小公司的 CEO 不幸得了脑瘤。由于霍洛维茨已经将公司买下，按道理说已经无须再留这位 CEO，也无须管他的医疗保险，但霍洛维茨还是提供了帮助。这位 CEO 在一年之后就去世了，他的家人因为这件事情一直都非常感谢霍洛维茨。

Opsware 此时面临的市场竞争非常激烈，形势也非常严峻。他们的产品逐渐在市场上失去了优势，股票最低的时候跌到 3 美分左右。这个时候，霍洛维茨分析了整个市场的竞争状况,然后开诚布公地跟员工讲:"如果我们不能够很快地在市场上获得优势的话,这个公司就要走向毁灭了。"他要求员工在接下来的 6 个月里全力以赴来提高、优化他们的产品。实际上,他们也真的做到了。在那 6 个月时间里,所有的工程师都加班,从早上 8 点到晚上 10 点,天天如此。而霍洛维茨身为 CEO,也几乎每天都像在打仗一样。他们这么拼的结果是,他们的产品在市场上又重新赢得了优势。虽然 Opsware 最后取得的成绩还不错,但霍洛维茨还是找了个很好的时机以 16 亿美元的价格把它卖给了惠普。

在这个过程中,霍洛维茨一直觉得自己不算一个很好的 CEO。为什么别人做 CEO 看上去就很容易,而他每一步都非常艰难? 后来他得出一个感悟就是,能够在无路可走的情况下,找出一条路走,才是好的 CEO。他认为,做 CEO 是一件很让人挣扎的事,也许就是所谓的磨炼吧。大部分讲企业管理的书都是讲成功的、光鲜的经营理念,而这本《创业维艰》,霍洛维茨集中在讲 CEO 这个职位带给他的挑战,以及他本人受到过哪些磨炼。他借卡尔·马克思(Karl Marx)的一句名言总结道:生活即战斗。

霍洛维茨在书中问了几个关键的问题。首先,作为 CEO,你要想清楚为什么要做这家公司。然后要问自己,为什么不放弃。很多时候,你可能还要问自己,你适不适合做 CEO。只有当你能够很坦诚地面对这些问题的时候,你才知道怎么做。作为一个 CEO,尽管很多时候你周围有很多人围着你,但其实你是非常孤独的,这也是霍洛维茨非常感慨的一方面。面对这些艰难困境,你只能自己一个人承受,几乎没有办法找别人分担。这一点,对于大部分人来说是很难承受的。但是如果要做一个好 CEO,你就必须承受。

霍洛维茨在书中提出了两个有趣的概念:"战时 CEO"和"和平时期的 CEO"。其实大多数关于领导力和成功管理的书,讲的都是"和平时期的 CEO"。霍洛维茨的导师,也就是他的管理教练比尔·坎贝尔(Bill

Campbell)，对他评价很高。但霍洛维茨一直认为他这个 CEO 当得很艰难，做得不够好。后来他自己开玩笑说，其实他只当了 3 天"和平时期的 CEO"，剩下的 8 年都处于战时状态。

那么什么是"战时 CEO"呢？当公司拥有非常强大的竞争优势时，CEO 主要的目标是加快市场扩张，这个是比较容易的状态，即"和平时期的 CEO"。当公司没有绝对的竞争优势，在面对威胁的时候，CEO 要通过不断创新来改变竞争格局，这就是"战时 CEO"。例如，谷歌前任 CEO 埃里克·史密斯(Eric Smith)就算是一个和平时期的 CEO，而现任 CEO，即创始人拉里·佩奇(Larry Page)，就算是一个战时 CEO，因为他的主要目标是让谷歌重新回到一个有决定优势的竞争状态，他要带领谷歌不断地发明新的技术，找到新的商业模式。比较典型的战时 CEO，还有英特尔公司的前任 CEO 安迪·葛洛夫(Andy Grove)和苹果的前任 CEO 史蒂夫·乔布斯(Steve Jobs)。

这本书里还提到一个有意思的比较。就是 CEO 通常有两个类别，一个是创始人 CEO(Founder CEO)，还有一个是职业经理人 CEO(Professional CEO)。这两者又有什么区别呢？作为创始人 CEO，通常对产品有比较敏锐的直觉。而作为职业经理人 CEO，相比之下，可能会有更好的管理技能、更强大的人脉以及更好的和媒体打交道的经验，这些都是创始人 CEO 通常不具备且需要快速学习的。霍洛维茨认为，这两类 CEO 最大的区别在于，创始人 CEO 实际上更难得。因为对于技术型公司来讲，创始人 CEO 看产品的眼光有多敏锐，通常决定着公司能走多远。但这样的 CEO 还有非常多的地方需要快速学习，面临的挑战也非常多，需要相当一段时间的历练。

书中还提出，对于 CEO 来讲，最难的技能是什么。霍洛维茨给出的答案是，管理自己的心理承受能力。其实在 CEO 这个人群里，大家都会有意无意地避免谈到这个话题。如何面对自己心里承受的压力，如何管理好自己的心理,对于一个 CEO 是最难的。因为 CEO 通常都是对自己要求特别高的人,外界对你的期望也非常高,你也必须维护一个公众形象,所以不太能够展示自己脆弱的一面,也正因为如此,给自己带来了更大的心理压力。很多时候,所有的重担都落在你的肩上,没有人能够帮你分担,你也不能依靠别人,唯一能做的就是一边做,一边快速地学习、快速地成长。坏事情时时刻刻都会发生,做 CEO 尤其需要面对这些,很多时候你甚至不知道怎么办,唯有继续往前走。这是一个非常孤独的工作,所以你要做好充分的心理准备,当任何一个意想不到的坏事情发生时,你才知道如何应对。

霍洛维茨也由此提出几个应对的方法。一个就是找到能分享的朋友,或者能够给自己建议的导师,这点非常重要。再一个就是,当压力很大的时候,找一个方法发泄出来,比如说出来或者写出来,这样压力就不会过载。第三个是,当你面临困境时,要有辨别的能力,冷静分析出路,寻求新的希望。最后一个当然就是永不言弃,无论是在什么样的艰难条件下。其实做 CEO 也是会有很多收获的,你受到的磨炼是跟承受能力成正比的,当你受到的磨练越多,你的承受能力就会越强。

还有一点很有意思。书里有一个章节提到,技术型的公司通常会聚集很多聪明人和牛人。如果这些人不合作,或者是带有负能量的时候,身为 CEO 该怎么办?作者把这些人分成三类。第一类是目中无人、负能量爆棚、谁都看不起的人。这类人其实是希望自己有更大的影响力,所以对所有人都持批评、讽刺,甚至看不起的态度,比如认为自己的老板很笨。这类人是非常具有负能量的,他们会严重地影响公司的文化,是应该被零容忍的。第二类人是不靠谱、不可靠的。他们可能有的时候做得非常好,有的时候却做得很差。这种不靠谱的人缺乏自律能力,他们会严重影响团队的协作,这个也是不能容忍的。另外一类就是吊儿郎当、不着调的。这样的人爱乱开玩笑,做事不负责任,也会严重影响公司文化,但他们更多影响的是员工之间的互信度。这三种人尽管可能某一方面很牛，但作为 CEO，是不应该容忍这样的人的，你一定得请他走人。

书中因此也特别提到了一点，身为 CEO，你还需经常给出反馈，给周围的员工反馈，给核心团队反馈。其实给反馈是非常难的，因为这不是一个很自然的过程，是需要 CEO 自己去学习的。霍洛维茨给出一个有趣的方法，叫作"三明治批评法"（Shit Sandwich），就是说当 CEO 给一个人反馈的时候，要先从一个正面的、肯定的角度开始表扬，进入正题之后，再给出非常诚实的反馈，包括批评，然后再通过给予一个正面的鼓励结束。这个方法用得很普遍，但对聪明人不一定有效。霍洛维茨特别强调，当我们给反馈的时候，务必要非常真诚，要就事论事，不要针对人，并且提的要求要尽量合理。

书中还提了一个有趣的概念叫"换位术"，这个方法其实来自于一部讲妈妈和女儿换位的电影，霍洛维茨就把这个运用到了他的管理当中。他会将公司两个部门的高管换位，例如，如果销售主管和客服主管彼此抱怨的话，那么就把他们互换一下来管对方的团队。有趣的是，三个月之后，当他们再换回到以前的位置后，彼此间就会合作得非常好。这个"换位术"是一个有效的方法，它强迫团队能够换位思考、互相协作，而这其实也有助于提高公司的创新能力。

最后，我想分享的是"什么时候应该卖掉公司"。收购其实有三个层次：第一个层次，被收购的是你的团队或者技术，比如，你的团队在某一项技能上有优势，或者是你有专利，这个收购的价格一般在 500 万到 5000 万美元之间。第二个层次，被收购的是你的产品、用户以及市场占有率，这个收购的价钱大概在 2500 万到 2.5 亿美元之间。第三个层次，被收购的是整个公司，这除了你的用户、市场之外，还有整个公司的营运以及公司的品牌效应，包括所有的竞争优势。这样的收购价就会高得多，通常在几亿、几十亿美元。因为收购的对象是整个公司，它不只是一个产品、一个技术，或者是一个团队那么简单。

那什么时候应该考虑把公司卖掉呢？霍洛维茨在他创立的三家公司担任 CEO 的过程当中，总能正确决定在什么时候把公司卖掉。针对这个问题，他认为在做决定前，要问自己两个问题：第一，你是不是很早就已经在一个很大的市场当中了？第二，你有没有可能在这个早期的巨大市场当中成为老大？如果这两个问题的答案都是 Yes，那一定不要把公司卖掉。如果这两个问题有一个是 No，你就可以考虑把公司卖掉，关键是什么时候把它卖掉。对于谷歌来讲，这两个问题肯定都是 Yes，所以它一定不应该被卖掉；而对霍洛维茨当时创立的公司 Opsware 来说，这两个问题的回答可能都是 No，那么他就应该把这个公司卖掉。而在卖掉公司的过程当中，CEO 要面临的是巨大的心理挑战，毕竟很多 CEO 亲历了公司从无到有，发展壮大的过程，有非常多的情感依赖，这时就要求他们在一个艰难的情况下做出一个理性的决定。

由于本书内容非常多，本文就挑选以上几点进行分享。对于本·霍洛维茨为什么想写这本书，他自己在书中也有强调：当万事顺利时，CEO 这个职位是光鲜亮丽的；而难的是，当你处在一个非常艰难的情况下，如何做决定，怎样管理好自己，成为一个好的"战时 CEO"。而他做的就是坦率地将自己的创业人生剖析给大家看。

《联盟》： 正在变化的雇佣关系

分享作品:《联盟:互联网时代的人才变革》(*The Alliance:Managing Talent in the Networked Age*),领英(LinkedIn)创始人里德·霍夫曼(Reid Hoffman)解读"PayPal黑帮"改变硅谷格局的真正原因,揭秘正在席卷全球的人才大变革!

分 享 者: 梁海燕(Helen Liang)博士,硅谷连续创业者,UstartX 加速器创始人和 CEO,天使投资人,清华 x-lab 导师,创业读书分享类公众号"千读"创始人。曾在希捷科技(Seagate Technology)任高级工程师和产品经理,也曾应邀在清华大学、复旦大学、中欧商学院举办讲座。博士毕业于美国威斯康星大学麦迪逊分校(University of Wisconsin-Madison)。

《联盟:互联网时代的人才变革》(*The Alliance:Managing Talent in the Networked Age*)这本书一共有三位作者,第一位是里德·霍夫曼(Reid Hoffman),他是全球最大职业社交网站领英(LinkedIn)的创始人之一,也是

48

"PayPal 黑帮"成员,号称"硅谷人脉王"。其余两位作者,一位是本·卡斯诺查(Ben Casnocha),还有一位是克里斯·叶(Chris Yeh),这两位都是曾经跟里德合作过的创业家和作家。

本书的核心主题是关于人才管理的全新概念。本文结合书中内容将此概念总结为以下几点:

首先,在当下新经济蓬勃发展的大环境下,公司与员工之间的关系已经被彻底地改变了。我们应该怎样来看待公司与员工的关系,什么样的人才管理模式是更合理的? 在美国的某些传统行业中,例如技术行业,曾经实行的是终身雇佣制,以 IBM 为代表的许多大公司都采用的是终身雇佣制。从 20 世纪 90 年代以后,这种模式就不再行得通了,然而目前还有一些大公司里的人才管理还是基于这种终身雇佣制的旧模式。正是因为有这样一种旧模式的存在,使得管理阶层跟员工之间无法保持一种诚实坦率的沟通方式。例如,当一个新的员工加入的时候,经理通常会说"欢迎加入我们这个大家庭",将一个公司比作一个大家庭,这在大公司里是很常见的现象,但实际情况却完全不是那样的。每个员工加入大公司的时候都会被告知,这是自由雇佣制的,你可以随时选择离开,公司也随时可以裁员,随时请你走人。在现实中,终身雇佣制早就变得不太可能了,可是人事经理在招聘的时候,还是会用"欢迎员工加入新家庭"这种方式,这其实是自欺欺人。在这种情况下,其实包括管理阶层和员工每个人,都有自己的小算盘,所有人都在盘算着要如何才能继续升职,怎样才能跟老板搞好关系,怎样才能在公司里寻找到机会。人们不会把公司的利益放在首位,而是会自然把个人的利益放在首位。

针对这种情况,作者提出了一个新的概念——联盟。原来旧的、家庭式的雇佣模式早就不现实了,也是行不通的,那么新的模式应该是什么样的呢? 作者认为,应该把一个新入职的员工当作同盟军,而不再是家庭成员,但这也并不意味着现在的员工是完全的自由人。就公司来说,它不再是一个大家庭，而是更类似一个有时限的体育团队。书中提出的解决方案是，员工与公司的关系实际上是一个员工可以自由加入，也可以自由离开公司的双赢同盟，就相当于是员工加入了公司的某个"行动计划"。在这个"行动计划"里面，员工跟公司的目标是一致的。员工的目的是为了创造价值，帮助公司完成使命，公司也会尽量在完成使命的过程中给员工提供职业发展的机会。

我们心里一定会有疑问：为什么一定要这样做？这样做是不是必需的？旧的模式的影响到底有多么恶劣？首先，时代变了，如果我们现在还是遵循旧模式的话，大家心里都明白，公司对员工不再有强大的吸引力，员工也不会对公司有巨大的归属感，有更好的机会时一定会跳槽。与其大家这样自欺欺人，表面上一团和气，但内心却为谋求更好的职位钩心斗角，还不如开诚布公，在员工新入公司的时候就先直接讨论这个话题：你准备在这个公司里待多久？你的职业发展规划又是什么样的？这种做法会更有利于员工以后的职业发展。

其次，也是最重要的一点：公司需要有一个好的文化基础。在旧的模式下，管理阶层和员工阶层之间的交流并不是完全诚实坦率的，长久下去就会造成管理阶层与员工阶层之间缺乏信任。糟糕的是，由于管理阶层掌握着很大的权力，所以员工们都会尽量地讨好自己的老板，但是当他们工作不顺利或者工作不好的时候，也会在心里责备自己的老板。这种利益关系有可能会使他们变成哥们儿，也有可能变成敌人，这种情况对建立优秀公司核心文化来说是非常糟糕的。更糟糕的是，当员工准备跳槽离开的时候，不管这个员工在公司做了多少贡献，之前在公司里面建立起来的所有关系马上就变得没有任何价值。甚至如果员工去了竞争对手的公司，他在原公司会被当作叛徒。很多大公司都是如此，一旦知道员工准备跳槽去竞争对手的公司上班，员工就会在什么东西都不能收拾的情况下被马上赶出去，事后公司的人事经理会来收拾他的东西,然后交还给他。不管员工曾经在公司里面做过何种重大贡献,一旦他离开或者是给竞争对手工作的话,他就会马上变成敌人,变成叛徒,这就是很糟糕的一种关系了。

书中就此提出了相应的解决方案,就是我们要建立一种新的员工之间的同盟关系。这个解决方案的基础就是一定要有很诚实的沟通,在员工一开始加入公司的时候,管理人员就应该很诚实地告诉他公司的使命是什么,他能为公司做什么,公司能为他做什么。在有了诚实的沟通后,双方才会产生信任的基础,才能有一个双赢的计划来执行。就像是前面提到的,新的员工加入公司的时候,我们要把他的工作当成一个特别的"行动计划",不管这个"行动计划"持续多长时间,它都要有具体的使命和目标,让员工知道他在不同的阶段所起的作用是什么。这种非常具体的计划会让员工产生一种荣誉感,从而全力投入计划当中。还有一个好处就是,这样具体的"行动计划"会让员工觉得自己有更多的发展空间,也有能力去把握一些机会,管理阶层也会有空间来发掘员工最大的潜能做更多的事情。总之,这种模式的最大好处是员工一开始就知道自己工作的价值是什么,工作的意义是什么。这一点对于包括90后在内的年轻人来说非常重要。对于他们而言,钱不是最重要的,一份大公司里稳定的工作也不是最重要的,这份工作的意义才是最重要的。

回到前面讲到的"行动计划",书里面分析了三种很好的案例。第一种是大家熟悉的岗位轮换。新员工加入公司时可能不确定自己最适合做什么,所以公司实行轮换制度,让新员工在不同职位上尝试一下。例如谷歌(Google),对于新招入的工程师和产品经理,会让他们尝试不同的部门岗位,每一个新员工会有三次换岗位的机会,每一次是9个月的时长,在三次换完之后,他就能决定自己最适合做什么。脸书(Facebook)也有类似的计划,当新的产品经理入职之后,也有三次换岗位的机会,每一次是6个月的时长。

像领英、英特尔等也都有类似的计划。这种岗位轮换的"行动计划"基本上是按时间和职位来划分的，也有很多公司一直在尝试运营这项计划。但是基于目前的数据分析，在实行岗位轮换制度的情况下，公司的使命跟员工个人目标的重合度大概只有 1/3，并不是特别高。

于是作者就提到了第二种模式的"行动计划"，叫"蜕变"。它更多地强调员工在加入公司之后，能够做什么样的贡献，能够改变什么。同样地，也强调公司能够给员工带来什么样的改变。蜕变计划更加强调的是个人的目标，每个员工自己具体的目标要跟公司在这个"行动计划"中的使命一致。这个周期会比较长，整个"行动计划"通常会需要 2～5 年的时间。书中也有少量数据表明，作者希望在这种"行动计划"里，公司的使命跟个人目标的重合度能达到 50％左右。

还有一种模式，指的是"大本营式"的工作环境。员工加入公司后很幸运地找到了他最热爱的工作，那么他自然愿意长时间从事这个工作。在现实生活中这种情况其实很少见，有点类似传统的终身雇佣制。不同的是这种情况是终身雇佣制最理想的状态。如果员工真的把公司当作他职业生涯中唯一的选择，那么有可能公司的使命跟他个人目标的重合度能够达到 80％，但是这种情况在当下社会越来越不现实。

作者特别提倡能让个人的发展目标跟公司的使命达到 50％重合的第二种模式的"行动计划"，这种"行动计划"对公司的发展非常有益。当然还有一种情况：员工的"行动计划"的性质在不同的阶段是可以改变的，开始可能是轮岗式的，然后等他找到了适合自己的职位之后，就可以尝试蜕变式的，最后当他真的确定要留在这家公司终身服务，就变成大本营式的。

这种"行动计划"不是一种法律约束，更多的是一种商业道德上的、职业荣誉上的约束。比如说公司的经营状况不好，要裁员了，那么"行动计划"就会马上终止；还有一种情况就是员工跳槽。

　　如果"行动计划"中途终止了,那怎么办? 这时候作者提出,当"行动计划"中途终止时,一定会有提前预警的。如果是公司裁员,它会给员工提供旨在帮助他找到新工作的后续服务。比如推荐他到相关的公司和行业,这是大多数公司都可以做到的。如果是员工自己选择提早离开,从职业的道德上讲,他也应该提前告知经理关于跳槽的逐项事宜。但如果没有任何的通知,那这个人的专业形象以及在行业里的口碑都会受到影响。

　　这种影响具体体现在哪里呢? 这本书提出了一个概念。打个比方,我们说在同一个学校读过书的叫校友,那么在同一个公司工作的,也会有一个同事的网络,不管是前同事,还是现同事,就叫"同事圈"。同事圈在旧的模式下通常是不被重视的,但其实这里面有很多可挖掘的价值,就是我们通常讲的人脉智慧。

　　为了避免"行动计划"的终止,其实也有一些具体的做法。在"行动计划"一开始时,经理人要给员工布置非常具体的任务,然后制订"行动计划"的时间,在这个过程中让员工明确自己的目标是什么,公司的使命又是什么,有多少重合度,有哪些是目前没那么重合但是有可能会改善的,所以一开始就要开诚布公地了解彼此的需求以及未来的机会,并且在"行动计划"实施的过程当中,经理人有责任不断提供指导,给员工反馈,诸如收获是不是达到预期、需不需要作调整等相关信息,这些都是经理人在执行"行动计划"中的责任。

　　从员工的角度来讲,经理人在一个"行动计划"结束之前,就要开始计划员工的下一个"行动计划"。比如某一个项目做了五年结束了,那对于这个员工来讲,他的下一步职业发展目标是什么,会有什么样的机会,都需要经理人很早就开始为员工做计划。这对于经理人来说其实是很高的要求,但其内在价值还是显而易见的。在这种"行动计划"的模式当中,最大的优势就是能够激发员工充分地展示自己的潜能。有一个词叫"创始人心态",每一个员工都要把自己当作"行动计划"的创始人,那么他就会尽最大的努力让自己的"行动计划"得以完成。这也保证了公司的使命能够通过"行动计划"得到最大可能的实现。

上文提到的人脉智慧，即公司的同事网络价值，它的作用通常会被忽视，但在互联网时代它变得越来越重要。大家可以想象一下，在一个公司服务过10年甚至20年的员工跳槽去了一家新的公司，实际上他还对以前的公司多多少少怀有一些忠诚度，这里面其实有很大的价值值得挖掘。这本书就提出，公司可以有意培养每个员工自身的人脉智慧的价值。比如说帮助员工制订一个计划，关于怎样扩展他们自己的人脉网络，从而增加他们的社交价值。从某些职业的发展价值来看，这点是非常值得尝试的。

每个公司都应该考虑形成一个官方的同事网络，不管员工在公司还是已经离开，这种官方的同事网络的形成对公司来讲都是非常有益的，同时对于每一个曾经在公司服务过的员工来说，也是一种荣誉感的体现。那么对公司来讲最实际的价值体现在哪里呢？公司可以很容易地从同事网络中找到你想要招进公司的人才，它也是公司品牌宣传最好的渠道之一，同时同事网络也有助于培养早期的客户。

总的来说，这本书主要就人才管理提出了几个新的概念：一个是员工和公司之间形成的同盟关系；第二个是公司要特别注意发展人脉智慧，帮助每一个员工来增长他自己的职业网络价值，另外就是形成正式的官方的同事网络，虽然这一点目前经常被忽视，但对公司来说具有很大的潜在价值，因为在新的模式下人脉智慧会变得越来越重要。

我很赞同书中提到的理念。我自己在大公司里管理过团队，以我的经验来说，目前类似终身雇佣制的人才模式，包括家庭式的公司人才文化，都是比较自欺欺人的，因为员工跳槽与公司裁人都是不可避免的，所以这种新的、联盟式的人才模式，不仅能够更好地完成公司的使命，还能使员工个人的职业发展达到最优化，实现双赢，是非常有价值的。

《乔纳森传》：给人才足够的权利和施展空间

分享作品： 第一本聚焦苹果首席设计师乔纳森·艾夫(Jony Ive)的传记——《乔纳森传》(*The Genius Behind Apple's Greatest Products*)，作者是《连线》杂志苹果专栏高级记者利恩德·卡尼(Leander Kahney)。

分享者： 刘晶(Nicole Liu)，资深培训顾问和咨询师，在培训行业多年，为五百强企业提供管理培训规划服务。爱好设计，喜欢阅读一切与设计相关的书。

乔纳森·艾夫(Jony Ive)，苹果最早的创造者之一，他担当了苹果产品线整个发展历程中最主要的设计。他是无可争议的天才，是史蒂夫·乔布斯(Steve Jobs)最依赖的搭档，是苹果优秀产品的设计者。《乔纳森传》(*The*

Genius Behind Apple's Greatest Products）是第一本聚焦乔纳森本人的书。作者利恩德·卡尼（Leander Kahney）对乔纳森充满创意的生涯进行了全面的剖析，找到了其成功的几条重要原则。本书可谓是一部浓缩了乔纳森10年设计的简史，也让读者得以一窥神秘的苹果实验室内幕。

作者利恩德·卡尼曾是《连线》（*Wired*）杂志的新闻编辑，也是苹果专栏的一名高级记者。出于对互联网文化和新兴科技的强烈兴趣，他很早就开始追踪苹果和乔纳森的各类消息，并在20世纪90年代开始做关于苹果公司的报道，也在很多地方采访过乔纳森。本书从乔纳森七八岁写到他四十六岁左右，描述了乔纳森从懵懂的学生时期一直到大学毕业后参加实习、工作，再到后来加入一家新生的创业公司，直至进入苹果公司工作的整个历程。全书以他的设计生涯为主，讲述他是怎样从一个天赋异禀的人，最终成长为一名出色的产品设计师，并影响着全球产品的变革。

这本书一共有13章，涉及乔纳森的"学生时代""英国的设计教育""伦敦的生活""初到苹果""乔布斯重返苹果""铁幕背后的设计工作室""iPod的设计之道""iPhone的诞生""iPad"等等。本文将这13章的内容串起来，讲成一个故事，以便大家有一个更加直观的感受。

乔纳森是英国人，1967年出生在辛福特（Chingford）一个家境一般的老派英式家庭，从小便在设计方面表现出过人的天赋。他父亲是教艺术产品设计的老师，同时也是个银匠，懂一些工艺的流程和原理。对乔纳森来说，父亲是他一生中最为感激的人，他们既是父子，也是朋友。在其整个工业设计生涯的艺术天分发挥上，乔纳森的父亲起到了真正的推动作用。他父亲在工艺天赋上也是特别拔尖的人，身为一个教育工作者的他，甚至可以算是推动英国工艺教育向前发展的人。在20世纪70年代末80年代初的时候，其父就努力尝试推进例如木工手艺、金属制造等那类当时地位比较低下、可用资源又有限的科目，以改进职业教育。在父亲的努力下，这类课目被列入了全英国职业教育学校的教学大纲,成了必修课程。英格兰和威尔士也因此成为世界上首批为 5～16 岁的儿童提供设计教育的地区。在他父亲的影响下,设计技术从一门边缘的学科变成了主要的学科,并占到了学校学时的 7%～10%。

20 世纪七八十年代的英国,正处于一个异常激荡的年代。铁娘子撒切尔夫人执政,国内经济衰落,社会文化颓废,一些人把二战后的英国比作社会主义、凯恩斯主义和福利主义的杂交产物。所以那时反叛精神、朋克、摇滚,是整个大时代的主流。乔纳森上大学的时候,也跟乔布斯一样,非常热爱音乐,尤其是摇滚音乐。但是这些东西并没有影响到他的学习,他在学校获得的评价仍然是一个特别害羞、独立、上进的孩子。

在乔纳森 14 岁的时候,他设计出了第一个产品——高射投影仪(OHP),这是其设计生涯上的一个里程碑。这个产品对高中生来说,已经非常不可思议了,他也因此获得了英国学生工业设计奖。

在英国,每年有一个大型设计展览的活动。受父亲的影响,乔纳森高中时就参加了这个活动。他设计的作品被当时英国最有名的一家工业设计公司看中,这家公司觉得他特别有天赋。当问到乔纳森是谁,他的父亲说这是自己的孩子。这也为乔纳森日后大学实习提供了一个机会。过了一段时间,乔纳森父亲就去拜访了这家公司的执行总裁,并提出了一个有点不合时宜也挺冒失的问题,问他们公司是否可以资助乔纳森完成大学学业,如果可以,他就承诺乔纳森毕业以后到这家公司上班。这家公司正是伦敦知名的设计公司——罗伯茨·韦弗集团(Roberts Weaver Group)。

从表面上看,是乔纳森的父亲一直在推动他追求设计的生涯,但是他父亲却不这么认为,而是认为这完全出于乔纳森自己对设计越来越深的迷恋。后来乔纳森就上了大学,选择大学时他听取了罗伯茨·韦弗集团执行总裁的意见,去了当时全英最好的一所设计学院——纽卡斯尔大学(Newcastle

University)理工学院，他们的工业设计到目前为止依然是全英国最好的。乔纳森进入这所大学以后，干了两件事情：第一件事是他在大二的时候结了婚，妻子是他的高中同学，比他低一届；第二件事情是了解到苹果这家公司。

在这里不得不说一下，英国的设计教育其实特别值得我们学习。英国大学有一个教学方式叫作三明治法则。你读三年半的本科，便有三次实习机会，每次两个月，一共是六个月的实习期。英国大学特别注重学生的动手能力，他们认为每一次学生从外面实习回来以后，对于怎样结合自己想学的东西和自己要做的工作会有更深的认知。诺森比亚大学到现在还保留着这样一个教学传统。

在乔纳森大学快毕业的时候，他设计了一个电话模型。最早的电话是那种拨号式的，他把拨号盘改成了 9 个字母的凹凸键，同时加上了 * 号键和 ♯ 号键。在那时，这是个特别棒的设计，也为他的毕业成绩单加分不少。毕业后，乔纳森又获得了另一个英国设计方面的奖项。进入苹果公司以后，更是连续获得了工业设计方面的各类大奖。总之，概括来说就是获奖无数。

毕业后的乔纳森去了罗伯茨·韦弗集团实习，这家公司为他提供了很多特别棒的设计机会。比如我们现在常用的钢笔，笔身上都会有个按钮或夹子，你知道这个设计的初衷是什么吗？以前的笔都是直挺挺的一根，没有任何按钮。乔纳森觉得大家写字都会有无聊的时候，加了那个按钮后，人们就能够在不写字的时候摆弄钢笔来消遣了。这个设计后来成功量产化了，现在我们用到的大多数笔，除了铅笔之外，几乎都会有夹子或按钮，这真是一个非常棒的设计。

乔纳森在罗伯茨·韦弗集团待了大概三年多的时间。后来受金融危机的影响，这家公司业务日渐萎缩衰落了。于是乔纳森去见了两个做工业设计的老朋友，这两个人毕业于中央圣马丁艺术与设计学院（Central Saint Martins College of Art and Design），同时他们也是罗伯茨·韦弗集团以前的职员。他们自己成立了一家叫作橘子的公司，当时只有他们两个合伙人，这两人说服乔纳森加入了他们的公司。乔纳森是一个非常严谨、求知欲特别强的人。怀揣着对设计的热忱，他加入了这家橘子公司。公司成立以后，也就只有他们三个人。作为一家新生的小公司，他们基本上只能接到一些小项目，非常辛苦，但是干得很开心，因为一切都比较简单、纯粹，不像在集团公司那么复杂。后来他们尝试做一些苹果公司的外包项目，慢慢开始有了新的机会。

苹果公司有一个设计师叫罗伯特·布伦纳（Robert Brunner），他加入苹果公司后，组建了苹果的产品设计团队。在 1994 年之前，整个苹果公司的产品设计其实一直是外包团队制作的，比如在国际设计界最负盛名的设计公司——青蛙设计（Frog Design）。由于当时苹果大量的设计都是外包，这导致其产品本身跟营销之间存在很大问题。这样的情形下，就连乔布斯也选择离开了苹果。当新的执行总裁上任后，就邀请布伦纳加入，以组建一个真正的黄金团队。

从 1990 年到 1995 年这 5 年，是苹果设计史上的"布伦纳时代"，就是以布伦纳为首的苹果设计工业团队时期，同时也是量产最多、最为有趣的时期。这个工业设计团队也成为当时世界上最有亮点和威望的一个设计合作团队，他们赢得了诸多设计奖项，尤其是他们做的纪念版 Mac 电脑 TAM（Twentieth Anniversary Macintosh），也就是平板电脑的前身，还有牛顿掌上电脑（Newton），都是苹果手机和平板电脑的"祖先"。

布伦纳在跟橘子公司合作项目的时候，意外地发现了乔纳森在设计上过人的天赋，因此想要聘请他加入苹果团队，但基于多重原因，一直没有成功。大概三年以后，他再次邀请乔纳森去美国硅谷参观苹果，乔纳森终于决定接受邀请。其实乔纳森最终做出这个决定，是出于其对信仰的追随。他觉得只有在苹果，才能让他的创造性产品有用武之地。他设计的许多东西都具有超越时代的意义，包括按钮笔、按钮电话等等。他觉得只有苹果才能给予他这样的平台，让他尽情施展才华。从那以后，乔纳森就开始了其在苹果的发展历程。

1996年，布伦纳离开了苹果，此时苹果公司进入了状况最差的时候，他们的营销团队对产品的定位不清楚，比如在对 TAM 机的定位问题上，设计团队认为这是一个可量产的高端产品，但是营销团队却把它定位成一个限量产品，由此导致了苹果业绩的下滑。一年以后，乔布斯重新回归苹果团队。乔布斯上任后的第一件事就是把乔纳森提上了工业团队主设计师的位置，他们两人惺惺相惜，开创了苹果最辉煌的设计史。

乔纳森和乔布斯两个人也会产生矛盾，但整体上还是和谐的。从设计理念来说，乔纳森一直喜欢简约的设计，他从高中时期设计的东西就是以白、黑、灰三色，特别是白色为主。他崇尚的设计风格就是简洁，这跟乔布斯喜欢简洁流畅的设计不谋而合。所以他们两个展开合作以后，一系列的惊喜产品就出现了，从最早的 iMac 到后来的 iPod、iPhone、iPad。随着这四个产品线的日渐完善，乔纳森也逐步组建了史上最强的工业设计产品团队。他们到全世界各地去挖掘人才，在苹果最辉煌的时期，其内部设计人才多达40多个，最核心的设计团队有十几个人。其中，乔纳森连同克里斯托弗·斯特林格（Christopher Stringer）和理查德·豪沃斯（Richard Howarth）并称为苹果工业设计团队的"三驾马车"。

在乔布斯离世的时候，乔纳森获得了英国女王司令勋章，这是一个爵士头衔，也是英国设计史上的最高头衔。

本书可以让我们全面、深入地认识乔纳森——这一苹果产品设计背后的天才。在回顾其整个设计生涯发展历程时，我们了解到他是如何设计，如何将自己的设计天赋发挥到淋漓尽致的地步，又有哪些贵人相助过，同时我们也得以一睹整个苹果产品设计的工艺流程，让我们知道我们现在手里拿的 iPhone、iPad 是怎样生产出来的，以及这背后的故事。相信读完本书，你也会对苹果公司有一个全新的认识。

任何成功都不是一气呵成的。你自己做好充足的准备是一方面，时代和机遇又是另一方面。就像乔布斯，他自己拥有足够的领袖能力和敏锐的商业嗅觉，刚巧背后又有这样一个天才，同时他也能充分发挥这样一个天才的作用，最终两人一起实现了他们的价值。

《孵化 Twitter》： 创始人不一定要做 CEO

分享作品：《孵化 Twitter：从蛮荒到 IPO 的狂野旅程》,《纽约时报》科技和商业版专栏作家尼克·比尔顿（Nick Bilton）为你揭秘"推特（Twitter）"合伙人之间的阴谋大剧！

分 享 者：梁海燕（Helen Liang）博士,硅谷连续创业者,UstartX 加速器创始人和 CEO,天使投资人,清华 x-lab 导帅,创业读书分享类公众号"千读"创始人。曾在希捷科技（Seagate Technology）任高级工程师和产品经理,也曾应邀在清华大学、复旦大学、中欧商学院举办讲座。博士毕业于美国威斯康星大学麦迪逊分校（University of Wisconsin-Madison）。

这本《孵化 Twitter：从蛮荒到 IPO 的狂野旅程》讲述的是推特（Twitter）合伙人之间精彩而又残酷的故事,堪比莎士比亚的大剧。你可以把它叫作"孤独与阴谋"。

本书作者是纽约时报的专栏作家尼克·比尔顿（Nick Bilton）,他主要关注社交媒体以及新兴科技对社会的颠覆性影响。本书的内容来自于作者对推特创始人团队以及推特员工几百个小时的采访,这其中包括对创始人和董事会成员超过 60 个小时的采访,其大部分内容还算是很客观的。有意思的是,在采访过程中,很多人对同一个事实的描述不太一样,为此,作者查阅了有关推特的大量文字记录和新闻报道,以确保本书中故事的真实可信度。

究竟经历了怎样的涅槃,让一个原本在挣扎中生存的博客平台摇身一变,成为纽约证券交易所最闪耀的上市企业? 这使得很多人都很好奇推特背后的故事。另外,它本身也是硅谷创业公司中一个很典型的孵化梦想的好故事。

推特的四位创始人都在偏远的小镇上长大,没有任何非凡的家庭背景。他们都属于非常喜欢电脑的小孩,在很普通的大学就读,但都没有上完就退学了,同时他们也是黑客,自学写程序。在推特成长过程中有很多惊心动魄的故事,关乎金钱和友谊,还有背叛。推特上市之前,公司两年之内换了三位 CEO,2013 年成功上市时,大概有差不多 2 亿用户,市值超过 200 亿美元。但是最开始的创始人几乎都反目并分道扬镳,除了有两位还比较友好。

后来大家回想推特成功的原因,有一部分就在于这四位创始人都是很孤独的人。因为孤独,他们看到,大家需要一个及时社交的方式来摆脱心灵

的孤独,但在满足这个需求的同时又不太希望被他人打扰,所以他们想到推特这种方式,让彼此有一个互相陪伴的感觉。

上面有两张图,第一张图中有四位,从左到右分别是比兹·斯通(Biz Stone)、杰克·多西(Jack Dorsey)、埃文·威廉姆斯(Evan W. illiams)和诺拉·格拉斯(Noah Glass)。他们也就是故事的四位主人公。而在第二张图中,大家看到只剩下三位,因为诺拉·格拉斯很早就被驱逐出了团队,这张图是他们在庆功会上的一张照片。下面会分别介绍这四位创始人,然后再讲述他们又是怎么样一个个被挤出推特的。

在讲这四位的故事之前,一些推特发展历程中的亮点不得不提。推特是在 2006 年创立的,最开始只是作为一种手机应用程序。当时手机只允许用户发送 140 个字符,这也是为什么在推特发消息被限制在 140 个字符以内。创立之后,推特成长得很快,到了 2012 年 3 月,Twitter 大约有 4 亿活跃用户。在推特的发展历程中,有几大标志性的事件。其中一次是在 2009 年,也就是迈克尔·杰克逊(Michael Jackson)去世的那一年,由于用户活动太多,导致推特服务器崩溃。还有比如总统奥巴马的市政会议直播,奥普拉·

温弗瑞（Winfrey Oprah）邀请推特的创始人之一埃文·威廉姆斯上节目，以及俄罗斯总统普京的第一条推特，这些都是推特辉煌的时刻。

接下来我们就讲推特这四位创始人的故事。第一位是埃文·威廉姆斯，他在内布拉斯加州（Nebraska）的一个小镇长大，小时候经常被认为是一个喜欢做白日梦的小孩。高中毕业后，他去了内布拉斯加大学（The University of Nebraska）读书，但是读了一年半以后便退学，在旧金山工作，之后给英特尔和惠普做过一些短期合同工的工作。他当时非常穷，简直就是身无分文，甚至没有钱吃饭，常常处于饥饿的状态。他在 P-Lab 的时候开始了一个创业项目，叫网络日志（Blogger），很快就拥有了 100 万用户，并在 2003 年被谷歌买下。一年之后他离开谷歌，投资了一家做 Podcast（播客）的创业公司，在这里，他见到了后来推特的几位合伙人。其实在这个过程中，推特只是他创业公司里的一个项目。在其他三位合伙人加入以后，他基本上扮演的都是投资人和董事会主席的角色，直到 2008 年之后，埃文自己成为 CEO，在推特上市的时候他的身价达到 26 亿美元。这就是推特的第一位创始人，大家对他的印象是很好说话，人也很温和。

我们介绍的第二位是和埃文性格几乎相反的联合创始人——诺拉·格拉斯。他和埃文有着相似的成长背景，从小是一个嬉皮士，在他的成长过程中最喜欢做的事情就是当黑客。他和埃文的相遇非常巧合。诺拉偶然在报纸上读到关于埃文的故事，而他发现他们刚好是邻居，就这样，有一天他找到埃文，很快他们就成了好朋友。尽管他们的个性完全相反，但是他们很快就开始一起工作。诺拉当时有一个项目叫作 Audio Blogger，邀请埃文做他的投资人。之后由于苹果开始推广 iTunes，他们认为 Podcast 项目没有前途，就把它卖掉了，然后开始做推特。推特这个名字其实是诺拉最早提出来的，但是很不幸的是，他是第一个被赶走的。后面会讲他为什么被赶走。

第三位创始人叫杰克·多西，他也是一个很特别的人物。他同样是在一个小镇上长大。在成长过程中，他只是一个普普通通的小孩，甚至到上小学的时候都没有办法完整讲一句话，但他对电脑很感兴趣。他是怎样认识前面二位的呢？也是一个很偶然的机会。在咖啡馆里，他见到了埃文，然后埃文请杰克加入他的团队。他们在一起交流的时候，谈到推特这个主意时，彼此都很兴奋，因为他们常常觉得自己很孤独，突然有一件事情可以把大家互相连接起来，可以关心彼此在做什么，这让他们觉得很有意思。后来杰克在两个星期之内，就完成了推特的原型。杰克也是推特的第一任 CEO，可是很快就被赶下了台，但幸运的是，他在两年后又重新回到推特。同时杰克还创办了一家公司叫 Square，类似国内的拉卡拉，现在估值在 30 亿美元左右。

第四位叫比兹·斯通，与前面三位不同的是，他是推特团队里最会开玩笑的一位。他从小在波士顿的一个单亲家庭长大，小时候家里很穷，经常靠政府救济过活。他也是因为一个很巧的机会，看到了博客（Blogger），然后找到埃文，并成了朋友，埃文甚至给了他一份在谷歌的工作。随后他跟着埃文离开了谷歌，之后做推特，成为推特的发言人。他也是这四个创始人中唯一一个试图和其他三个人都保持友谊的，但在 2012 年，他也离开了推特。

下面就讲这四位创始人是怎样一个个被逐出推特团队的。首先第一个被赶走的人是诺拉·格拉斯。他是一个很有意思的领导者，个性非常鲜明。他早期在推特起了很大作用，但是到后期，他的名字几乎没有被提到，甚至他的存在都被整个儿地从推特的历史中抹掉了。其中有一个很重要的原因就是他一直和埃文在公司争吵，每当埃文提意见时，他都会持反对意见。同时他本人有一个很大的问题，就是经常情绪不稳定，还酗酒，喝醉之后便在公司耍酒疯，这也是他很早就被赶走的一个重要原因。当时他被赶走，有一个直接的导火线。推特还在内部测试的时候，他就在一个宴会上把推特项目泄漏给媒体，引来了一些模仿者。还有一个原因，他认为他和埃文个性不合，他当时最好的朋友是杰克。而令人大跌眼镜的是，当时真正让诺拉离开的并不是埃文,而是他的朋友杰克。杰克说如果诺拉留下,他就没法继续在推特工作。所以,2006 年年底,诺拉被迫离开推特。

而杰克是第二个被驱逐的,但非常戏剧性的是,他并没有真正离开。杰克是推特独立运营之后的第一任 CEO,在他做 CEO 的时候,埃文的角色还是董事会主席和投资人。可是在推特快速成长过程中,杰克的问题很快就暴露出来。他有很好的产品预见力,但非常自我,同时管理能力非常糟糕。杰克做 CEO 以后,完全不允许别人和他的意见不一致。推特在早期高速发展的时候,经常无法承受流量的快速增长,因此服务器崩溃是常事。而他在推特系统非常不稳定,同时也正是公司最需要人手支持的时候,炒掉了两位很关键的工程师,这样的决定让当时的情况雪上加霜。同时他几乎不跟董事会有任何交流,表现得像一个独裁者,也正因为这个原因,董事会对他非常不满。埃文当时也很担心,他当时就引进了另外两位投资人,联合起来让杰克下台。杰克当时被迫下台之后特别生气,甚至和脸书(Facebook)的创始人马克·扎克伯格(Mark Zuckberg)联系。杰克曾想把推特卖给脸书,但埃文坚决不同意。这个时候,杰克甚至想加入推特的竞争对手脸书,但碍于没有找到合适的位置,最终没有去。之后他走到一个对立面,希望采取其他手段,让媒体对推特的关注全都转移到他身上,他到处和电台报纸说,他才是推特的唯一创始人,他很希望大家称他为“下一个乔布斯”。

这之后,埃文决定自己做 CEO,当时也引进了两位新的创始人。可是戏剧性的是,埃文心肠很软,没有忍心把杰克彻底赶走,而是让杰克留下来做一个没有投票权的董事会成员,他没有想到杰克会在背后捣鬼,想反过来把他赶走。埃文做了 CEO 以后,也出现了很多问题,他虽然人很好,对产品有很多很好的想法,但埃文最大的问题是他做决定非常慢,通常也不愿意引起争论。其实他还是尽了很大的努力想扭转局势,杰克在任的时候管理得非常糟糕,花钱花得非常快,埃文上任以后,控制了花钱速度。他其实对团队管理得非常好,可是他也不善于和董事会交流,所以当杰克买通了推特高管和董事会想要把他踢出去的时候，埃文自己都不知道。大概是在埃文上任一年以后，杰克就成功地买通了几个董事会成员，然后联手另外几个高管，认定埃文做 CEO 是不合格的，迫使埃文下台，自己重回推特。

最后一位是比兹，跟其他三位相比，他不算是被扫地出门，但也是被逼无奈。他当时为埃文愤愤不平，认为埃文作为推特的投资人，帮助了他们三个人，但是杰克却在背后搞鬼把埃文赶走。他当时就觉得，既然埃文被逼走了，他也要离开。实际上在埃文下台之后，比兹也就离开了。当时他们最大的感受就是觉得推特的发展方向已经有点背离他们当初所想的方向。埃文和比兹当初有一个发展方针就是推特坚持不介入任何政治和媒体讨论，而杰克在这方面有明显的倾向，他愿意通过和政治媒体关联以获得名声。所以对发展方向意见不合也是这个团队最终支离破碎的一个原因。当所有创始人都被排挤、赶走后，董事会选择了埃文引进的一位高管来接任推特CEO，这就是关于推特四位创始人的故事。

回到这四位创始人当初为什么要做推特，是因为他们都属于非常孤独的个体，大家很希望有这样一个社交网络能够把彼此连接起来。但到了最后故事结尾的时候，埃文和其他人都有了自己的家庭，只有杰克还是孤身一人，尽管他有名有利，重回推特以后也拥有相当的权力，还有大房子，但是他终将还是独自一人，而且他的朋友都已经与他反目成仇。这就是关于推特的故事，一个很典型的创业公司的故事，也是一个很艰辛的故事。

回头来看推特发展的历程，你会发现，创始人并不一定具有 CEO 的能力，这个能力是需要培养的，需要学习的。在创业公司的成长过程中，可能很多时候没有学习的机会。认为"我是创始人我就应该胜任这个 CEO 的位置"的想法，实际上是非常天真、不切实际的。这就是分享这个故事的意义所在吧。

《真正的权力》： 领导他人的六个阶段

分享作品：《真正的权力：个体在组织中的权力阶段》（*Real Power：Stages of Personal Power in Organizations*），作者为美国知名管理咨询师、财富 500 强企业高管教练珍妮特·哈格伯格（Janet O. Hagberg）。作为明尼苏达大学博士，她一直专注于权力、领导力和影响力的研究。

分 享 者：梁海燕（Helen Liang）博士，硅谷连续创业者，UstartX 加速器创始人和 CEO，天使投资人，清华 x-lab 导师，创业读书分享类公众号"千读"创始人。曾在希捷科技（Seagate Technology）任高级工程师和产品经理，也曾应邀在清华大学、复旦大学、中欧商学院举办讲座。博士毕业于美国威斯康星大学麦迪逊分校（University of Wisconsin-Madison）。

《真正的权力：个体在组织中的权力阶段》（*Real Power：Stages of Personal Power in Organizations*）一书阐述了有关权力各个阶段的完整架

构。其作者珍妮特·哈格伯格（Janet O. Hagberg）曾在明尼苏达大学（University of Minnesota，Twin Cities）教授领导力课程，给很多500强公司的高管做过领导力的培训。而"真正的权力"就是她博士论文的研究课题。该书从领导力和影响力的角度来解释什么是权力，其中最有意思的分析就是把权力分成了六个阶段，前面三个阶段是外部阶段，后面三个阶段是内部阶段，而通常我们对权力的理解就止步于前三个阶段。接下来本文就按照这六个阶段来解释一下究竟什么是权力，每一个阶段又有什么特点。

通常在大公司里，不管你是技术层还是管理层，对于权力都有一种很无助的感觉——很多时候你有非常好的想法，但是没有办法实现。当然，不管是大公司还是小公司都有权力斗争的存在，可能对大公司而言只是意味着重组，但对小公司来说，那可能就是散伙了。很多时候，大家对权力这个词的认知，最直接的联想就是权威。那么究竟权力是不是权威呢？它和领导力又有什么关系呢？这本书提出的第一个问题就是，你能够在没有权力或权威的情况下真正地领导别人吗？

权力通常的定义是主导或制约他人的能力，那么对此最直接的想法就是有权威就会有权力。《纽约时报》（*The New York Times*）曾报道过一个很有意思的故事，每一年大公司更换首席执行官的时候，记者们所做的第一件事情，就是把上一任执行官的名片扔进垃圾桶。因为对于他们来说，卸任的执行官已经变得毫无权威和价值了。

接下来我们来分析权力的第一个阶段——"权力缺失"（No Power）。对于这个其实很好理解，每当我们刚进入一个新的公司或者新的环境，大家都会感到很无助。其实在很多商业环境里，尤其是初出校园、刚入职场的时候，对于很多想做的事你可能是没有能力去实现的，这样时间一长，大家就会掉入自己所挖的陷阱之中，从而产生一种被害者的心态，觉得自己得不到应有的尊重，甚至自尊心严重受损。这就是第一个阶段。

在这个阶段里最主要的问题就是自身的恐惧，这种恐惧使你不知如何面对眼前的问题，只能不断依赖于他人的帮助。那么怎么才能从这一阶段中走出来呢？首先你需要通过不断的学习来建立自己的自信心，增强自己的能力，同时要建立起自己的人脉网，而最重要的是要在成长的过程中学会承担责任。简单来说，就是快速学习，勇往直前。

第二个阶段是"来自人脉的权力"（Power by Association）。在这个阶段，你有了一些成长，渐渐地熟悉新的环境，慢慢感觉到自己开始被大家所接受、所了解，而你也开始在这个环境中建立与周围人的联系，这种联系包括你与你的朋友、同事，以及你与你的上司。在这一过程中，你终于有一个小的人脉圈，并开始从中找到自己的存在感，那么此时你的人脉圈就是你权力的来源。如果你从名校毕业，那么校友会就能给你带来一种权力；又或者你在一个著名企业就职，你认识某位名人、某个组织，这些都能给你带来权力。

那么在获得这些权力之后，你要怎样进行运用和巩固呢？答案是自信地去领导。但其实此时你还不能确信自己是否有自信和能力去带领一个团队，为了在这个阶段寻求成长，你就需要从公司或人脉圈里找一个能给予你帮助的导师，他会在适当的时候给你可行的建议，来帮助你成长并建立自信。你必须明白，为了成长，为了跳出现有阶段，就必须承担一定的风险。

第三阶段是"来自成就的权力"（Power by Achievement），这一阶段也就是大家通常所认为的有权力的阶段。那些所谓的成功人士，他们表现出强大的自信心、事业心与野心。他们有着超群的业绩，获得了大家的认同与尊敬，但也因此跌入了一个黑暗面之中。刚刚进入这个阶段的领导者，大部分人都极度自负，以自我为中心，自认一切都尽在掌握之中，变成了如同暴君一般的存在。在美国文化里，这种黑暗面通常表现为对工作的狂热，他们会把绝大部分的时间和精力都投放在工作上，减少一切不必要的社交活动，与家人在一起的时间也减少很多。而这种人通常会产生对某种东西的"瘾"，像酗酒，甚至吸毒等等。

这个阶段的领导者已经拥有了来自成就的权力，就要面临新的挑战，此时需要的就是学会反思，认识自己的弱点。如果想要继续成长，就要在真正意义上提升领导力。不能一直待在你的职位头衔所带来的权力光环之下，真正立于顶峰的人才要时刻保持谦虚。

接下来，第四个阶段——"来自反思的权力"（Power by Reflection）。这个时候更需要的是抛却权力光环，反思自己的能力，思考领导力的真正含义。通过不断的反思，更清晰地了解自己的优缺点，慢慢地将外部力量转化成内部力量。

在公司里，会出现许多第三阶段的领导者划地为王的状况，所以到了这一阶段他们面对的挑战就是跨界领导。第四阶段的领导者已经可以跨出自己所擅长的领域，去领导所有人。这个时候他们还没有扔掉自负的包袱，却又出现了一个更大的问题——对自身的困惑，他们追问自己活着的目的是什么，工作的目的是什么。所以此时他们所面对的挑战就是要不要扔掉自负，然后怎么找到内心最强大的力量，并解决心中的疑问。此时领导者们会面临一堵墙，这其实是一个内心的障碍，他们会质疑自己究竟有没有能力在没有职位、没有头衔甚至是威信的时候去领导他人。很多领导者会觉得需要抛弃的东西太多，因此患得患失。从一个阶段上升到下一个阶段，每一次尝试都需要面对新的挑战，比如跳出你所熟悉的业务，来负责一个全新的业务，而这个过程通常是非常痛苦的。

关于第四阶段挑战的解决之道，其实就在于你能不能找到自己的激情。作为一个领导者，你的激情之所在就是你内部力量的源泉，它能让你在面对各种挑战的时候，化被动为主动，去主导这种变化。一旦领导者翻过这道成长之墙，就到了第五阶段——"来自使命感的权力"（Power by Purpose）。这是一个要求十分严格的阶段，所以到达这个阶段的领导者非常少，通常不到

10%。他们清楚地知道自己工作和人生的目标是什么,同时也能表现得非常勇敢和谦虚,对周围的人有一定的影响力。到了这个时候,金钱和职位对他们来说已经不再那么重要了,他们不再单纯地为了赚钱而工作,而是为了改变社会,他们将改变社会当成了自己的责任。当然在这个阶段他们同样要面对挑战,需要在增强领导力的过程中,给自己一个强大的理由、一个强烈的信念,来影响他人、引领变革,甚至是改变这个世界。

那么接下来就到了最后一个阶段,在这个只有少数强者生存的阶段,你需要的就是"来自智慧的权力"(Power by Wisdom)。通常处于这个位置的人会具备自我牺牲精神,他们不管周围的环境是如何紧张,自己的命运会产生什么样的变化,都表现得毫无畏惧。他们追求高尚的人格,致力于消除贫穷与社会的不公平。这个阶段的人们真正地拥有大爱情怀。此时这种来自智慧的权力也被蒙上了更深层次的意义,那就是相信一切皆有可能,"我们活着的目的就是让世界更美好"。

总的来说,外部阶段的权力是比较容易看到的,它需要的是行动的能力,但其实更重要的是内部阶段的权力,那是一种对自己、对周围人的影响力。通常人们的观念误区就是会将权力与权威等同,但其实真正意义上的权力是超出权威的,在没有权威的情况下还能很好地领导他人,才算是真正的有影响力。

这本书可以让我们更好地理解权力的定义,当我们看到周围的人有权力的时候,当我们在不同的权力阶段需要面对不同的领导力挑战的时候,它指引我们应该怎样去寻求成长。

《反脆弱：从不确定性中获益》：
培养应对风险的反脆弱力

分享作品：《反脆弱：从不确定性中获益》(Antifragile：Things That Gain from Dis)，畅销书《黑天鹅》作者、杰出思想家塔勒布的毕生杰作。

分 享 者：梁海燕(Helen Liang)博士，硅谷连续创业者，UstartX 加速器创始人和 CEO，天使投资人，清华 x-lab 导师，创业读书分享类公众号"千读"创始人。曾在希捷科技(Seagate Technology)任高级工程师和产品经理，也曾应邀在清华大学、复旦大学、中欧商学院举办讲座。博士毕业于美国威斯康星大学麦迪逊分校(University of Wisconsin-Madison)。

  《反脆弱：从不确定性中获益》与畅销书《黑天鹅：如何应对不可预知的未来》是同一位作者——纳西姆·尼古拉斯·塔勒布(Nassim Nicholas Taleb)。"反脆弱"这个词乍一听还挺陌生，而它也跟我们平常讲的"脆弱"是不同的概念。书中给的定义是：从不确定性中获益（Things that gain from disorder）。也就是在压力和不确定的情况下，人反而会变得越来越强大，这就是反脆弱的能力。作者的背景很特别，在黎巴嫩长大，于巴黎大学获得硕士学位，在宾夕法尼亚大学沃顿商学院获得 MBA 学位。他在华尔街工作过很多年，目前是纽约大学的特聘教授。他一共写过 4 本书，包括畅销书《黑天鹅》，之后的这本《反脆弱》更是被其视为自己的毕生杰作。当然本书也不负众望，一直位列纽约《时代周刊》畅销书榜，也是目前华尔街非常火的一本书。

这几年塔勒布的书引起的争议很大，讨论也很多，他被认为是目前风险管理领域最令人尊敬的学者，以及最有影响力的商业思想家之一。他的特别之处在于他看问题异于常人的角度，就像他在《黑天鹅》一书中写到的那样。如果《黑天鹅》教会我们的是如何看待不确定性，那么这本《反脆弱》更多的是教会我们"怎样去应对不确定性"。

本书还是延续塔勒布一贯的写作风格：由一篇篇小短文组成了七个部分。第一部分是讲到底什么是反脆弱。"脆弱"一词很容易理解，就是当环境中有很多的不确定性因素以及很多压力的情况下，很多事情会因为波动和不确定而受损；而反脆弱是一个相反的能力，当我们面对不确定性和波动性的时候，反而变得越来越强大，并从中获益，这个能力即是反脆弱。尼采有一句名言，"杀不死我的，使我更强大"，说的就是反脆弱的概念。本书依然汇聚了作者很多很有意思的观点。在第一部分中，他提到，在各种人群中，企业家和创业人群的反脆弱性是最强大的，因为这两类人面临的不确定性很多，在每天应对各类不确定性因素的过程中，表现出来的反脆弱能力是非常强大的。所以他在第一章特别提出来，建议设立一个"企业家节"（National Entrepreneur Day），以此向企业家以及创业人士致敬。他很赞赏这群人能够敢于面对强大的脆弱、波动性以及不确定性。

第二部分讲"否定反脆弱"（the denial of antifragility）。"否定反脆弱"

是指在日常生活中，人们通常不会去思考反脆弱性，而是把它看成一种负面的东西；也不会去思考在不确定的环境中，我们的反脆弱能力会有多强。作者举了一个例子：一对双胞胎兄弟在伦敦，哥哥叫 John，是银行里的一个办事员，弟弟叫 George，是一个出租车司机。在大家看来，John 有一份很稳定的工作，每个月有固定的收入，而弟弟的收入是由每天的载客量来决定的，相比之下，他的生活是很不确定的。那么这对孪生兄弟到底谁更有反脆弱的能力呢？答案是弟弟。尽管哥哥在银行有固定的工作，但他其实根本不知道哪一天银行会裁员，哪一天他会失业；而弟弟每天要根据客流量的不同来调整自己的计划，以预期他次日的不确定性，因此他在面对环境的波动时，反应就不那么强烈，也就是说他有更强大的反脆弱能力。在《黑天鹅》一书中，作者提到过火鸡的例子。火鸡在被杀前的 1000 天里都过着无忧无虑的生活，一直到感恩节的前一周被宰杀。这其实是说，当我们处在一个安逸的、没有变化的环境当中时，这种反脆弱能力会非常弱，我们要有意识地来给自己的生活增加一些不确定性，主动地去寻找一些波动，来增强我们的反脆弱能力。

第三部分，作者讲到"世界的不确定性"（nonpredictive view of the world）。他说，实际上我们所在的世界和系统大部分都是不对称的，而反脆弱就是针对这种不对称性而言的。那么，从理论的层面，我们应该如何看待和分析这种反脆弱，或者这种不对称性呢？当我们面临压力、伤害、不确定性或者是误差时，相比受损来说，我们的系统实际上受益更多，这就是反脆弱存在的原因。还有一种方法看待反脆弱，就是我们会用一种"两端策略"（bi-mode strategy）。通常我们看待事情的分布时，会很自然地选择在中间，一个比较保守、平稳的状态。实际上在面临不确定事件时，我们应该关注的是两端，我们要从最有可能发生的、正面抑或负面的这两种可能性来考虑它，这就是所谓的"两端策略"。

这里作者又举了一个有趣的例子。作家,尤其是高产作家,他们规定自己每天工作多少小时,每个礼拜工作多少天,以保证高产,写出来的东西可能也还不错。但塔勒布认为,这类作家写出出人意料的好书的可能性是很小的,真正能够写出巨著的作者,通常都处于一种很长时间不工作的状态,他们会冥想,到处去游玩、去体验,突然某一天,灵感来了,他才会工作。这类作家一旦开展工作,便处于连续的、不被打断的状态,且工作时间相对较短。塔勒布认为,在这个状态下写出来的书才会是好的且出乎意料的书,他也举了几个作家的例子。

第四部分作者讲到"可选性、技术的相关性以及我们怎么样来看待反脆弱的能力"(optionality, technology, and the intelligence of anti-fragility)。在这部分作者提出很多很有意思的观点。例如,一个是讲"生活在于多变",意思是说,我们生活中存在的波动性、存在的变化,会让我们的生活更有意义和价值。作者举了一个有关创造力的例子。如果我们的生活一成不变,你的创造力水平就会很低;生活中不确定因素越多,你的创造力才会越强。他还提出了一个观点,强调先用理论分析清楚了,然后再来执行。他举了一个小鸟如何学会飞翔的例子。小鸟想要飞翔,需要自己一次次尝试扑腾,才能飞起来,而不是教它先打开哪个翅膀。所以,反脆弱的表现就是要快速地试错,不断在工作当中找到成功的可能性。这也是通常我们提及创业时所讲的"快速示错",据反脆弱理论分析,快速试错是最强大的。

作者还举了一个例子:有一个叫托尼的人,他是一个交易员。在科威特战争的时候,大部分的交易员都认为石油的价格会因为打仗上升,他就跟别人持相反的看法。他认为,既然大家都知道战争会发生,就会对石油有一个预先的储备,甚至可能会过度储备,那么引起的后果就是石油价格反而会下降而不是上升。果然,战争爆发以后,石油的价格下降了,大部分的交易员都损失了很多钱,而他刚好是反向来押的,所以只有他在那几个星期里赚了几千万美元。作者就用这个例子来讲怎样反脆弱，怎样分析事情，并从中获利。还有一个例子，叫"绿木谬误"（green lumber fallacy），是讲我们不要太相信自己的知识，也不要太过于自信，我们对事情的了解会让我们深信自己对不确定的事件有准确的把握。同样是一个交易员，他交易的木头叫绿木，也就是刚砍下来的新木（fresh wood），而这位交易员一直认为绿木是木头被刷了绿色的漆，尽管如此，这并没有影响他交易的正常运作。作者用这个例子说明，我们知道的知识远没有我们想象的那么重要，因为这个世界本来就很复杂。很多时候，我们是没有办法用已有的知识来预期未来的，也没有办法根据我们知识的积累来作判断。这一部分总结起来讲的是世界的各种可能性和我们怎么样来分析和应对这些可能性。

第五部分讲的是"非线性"（the nonliner），即怎样来找到系统当中的脆弱性。很多时候，我们都是从线性的角度去看待事情的发展，但脆弱本身是一种非线性的行为，环境中损害因素或者压力因素产生的时候，它会随着受到的伤害和压力强度的提高，表现出一种非线性的特征，所以我们可以按照这个方式来分析它。反脆弱表现出来的也是非线性的，我们面对压力和外界带来的损伤的时候，我们从中获利的可能性，会比受到伤害的可能性更大。这个部分主要就是讲我们怎么样用这种非线性的分析来理解脆弱与反脆弱，当外界的压力变化时，如何辨别我们看到的是正向的变化，还是负向的变化。作者还提到，当我们看一个系统时，我们更要看到，这个系统很大或者很小的时候它的反脆弱能力是完全不一样的，系统越小，它的反脆弱能力就会越强。

第六部分作者用了一个词"否定法"（Via Negativa），意为用反向思维或者否定法来看待问题。作者讲了自己曾经在一个聚会上发生的故事，当时他旁边坐了一位医生，带了一个测血压的设备，帮他量了一下血压，结果发现他的血压很高，然后这位医生朋友就很好心给作者开了一个处方药，说一定要吃这个药才能控制。回家后的第二天，作者自己量血压，发现他的血压很正常，连续量了几天之后，发现实际上他的血压大部分时间都很正常，唯独在某一些时刻会有一个小波动，那位医生刚好在他波动的时刻测了他的血压，就要他去吃药，所以他就用这个例子说明很多时候不要过于相信医生。我们要明白，不确定性是正常的。当然还有一个启示，很多时候环境当中的变化好比是环境本身发出的噪声，我们不是要对这个噪声立即做出反应，而是要看好时机再采取行动。就像医生帮他量血压的时候，刚好看到他血压变动就给他开药吃，这就是立即对"噪声"做出反应。

还有一个例子，通常大家都会追求幸福、满足、开心，其实，如果要真正感受幸福的滋味，你就不应该逃避不开心，逃避悲伤。只有在你经历过悲伤，经历过不开心了之后，你的幸福才真正具有反脆弱能力。还有一个有意思的分析，随着社会的发展，人类寿命会越来越长，但作者从反脆弱的角度指出，这并不是一件好事情。人类的寿命真的会越来越长或者永生吗？对于人来讲，我们的反脆弱性到底在哪里呢？我们的反脆弱性应该是在基因里，我们本该希望的是能将这种特性通过基因传给下一代，而不是活得越来越久。所以从反脆弱的角度来说，人不是活得越久越好，而是应该不断地正常进行新旧的更替，有一些死亡才会有新生，这才是一个正常的反脆弱系统。

到了最后一部分，也就是第七部分，作者提出一个比较有意思的讨论：脆弱性与反脆弱性的伦理，说白了就是讲商业道德，以及商业道德的脆弱性和反脆弱性。该讨论对金融界可能会特别有意义，对美国的商界也会很有启示。作者举了一个古代的例子。大概在3800年以前，希腊的社会中有一个约定俗成的行为，就是建房子的人，要在房子建好之后，自己先住进去试试是否安全，然后购房者才能入住。一旦这个房子哪天垮了，如果是住在房子里的这家的儿子出事了，就要拿房屋建筑商的儿子去抵命，如果是这家的老人出事了，也要拿建筑商家里的老人去抵命。就是说建筑商在建房子的时候是负有责任并要承担后果的。由此引申到今天，作者指出，当今世界的很多政客在做决定时，是完全不考虑他人的，都是从自己利益的角度出发。

作者是反对战争的，他提出，当初小布什发动战争，就应该首先把他自己的孩子送去参战，因为政策制定者在做决定的时候往往不考虑什么人在受益，什么人在受损。作者在此提出一个概念，不要把脆弱性传递给别人，尤其不要把脆弱性推到社会的弱者身上，也就是自私地转移脆弱性。这个观点还是很引人思考的，通常人们不会从这个角度去想，所以社会的弱势群体永远在底层，他们的利益永远是最先受到损害的。而对于有影响力且处于社会较高层的人群，大部分情况下，他们所处的位置是非常脆弱的，因为他们没有承担责任。比如说企业里面的高管、大公司的CEO，不管他们的业绩如何，他们都会照样拿到巨额的薪水。由此看来大公司的高管系统是非常脆弱的，它只有奖励，没有惩罚，所以非常不稳定。同时，作者也提到另一个职业——大学教授。大学教授通常会提出很多理论被别人用作指导，但不管这个理论是好还是坏，他的理论被别人用过之后，会产生什么样的结果，这个教授都是不负责任的。作者因此也提出，目前教育系统里教授这个职业是非常脆弱的，从商业角度来讲，也不符合反脆弱的规则。

在这一部分，作者还特别提到了华尔街的很多"灰色操作"。我们都知道，在华尔街混的，几乎都是一群智商超群的人，他们制定了一套又一套的游戏规则来获利，而外面的老百姓都不明白这些规则。从商业的角度来说，他们自己其实很清楚，这里面许多操作是不道德的，甚至钻了法律的空子。他举了艾伦·布林德（Alan Stuart Blinder）的例子。这位前联邦储备委员会副主席，做了一个金融保险的产品，要卖给我们的作者。怎知，作者当面质疑这个产品是有欺骗性的，就是让大部分的纳税人来帮巨富阶层赚钱。讽刺的是，艾伦也承认他的产品确实是这样的，但他认为，从法律层面来讲，这并不违法，只不过不道德而已。实际上华尔街有很多类似操作的产品，作者在这里对此提出了强烈的谴责。同时这也说明，华尔街的系统其实是非常脆弱的，这也从另一方面说明了为什么会不断地产生金融危机。

最后在此总结下本书。这本《反脆弱》告诉我们，我们面临的世界的不确定性会越来越多，但这是正常的，也不是我们已有的知识能够预期的。我们自己所认为的我们对这个世界的了解，会让我们对未来有很好的预测，但在面对任何事情的时候，我们依然需要认真思考其中的不确定性。不要过分地相信权威，也不要过分地依赖于知识，更多的时候要在一个试错的状态下，时刻对不确定性保持敏感度。只有这样，我们的反脆弱能力才会变强。

《向前一步》：女性创业者面临的内外壁垒

分享作品：脸书（Facebook）首席运营官谢丽尔·桑德伯格（Sheryl Sandburg）的最新力作《向前一步》（*Lean in*），激励全球女性勇敢地追求自己的目标，实现事业与家庭生活的完美平衡。作为马克·扎克伯格的左膀右臂，她被美国媒体誉为"脸书第一夫人"及"硅谷最有影响力的女人"，同时被《福布斯》和《时代》杂志评为全球最有影响力的女性之一。

分 享 者：米雯娟，VIPKID少儿英语创始人及CEO，长江商学院工商管理硕士。从事少儿英语教育工作十余年，曾是ABC英语的联合创始人。热爱冒险与挑战，喜欢高尔夫、跳伞、游泳和舞蹈。

《向前一步》（*Lean in*）这本书的目标读者不单单是那些在职场上和事业

上有很高追求的女性，它是给所有管理者和创业者看的，当然，这其中也包括那些竭力追寻自己人生目标的女性，还有那些想要通过理解当下女性所面临的困境，来推动世界平等发展的男性。不管你是刚刚步入职场，还是目前暂时休息但以后很可能重返职场，这本书都将会带给你很大启发。

本书作者谢丽尔·桑德伯格（Sheryl Sandburg）1969 年出生于华盛顿。在这本《向前一步》（Lean in）中，她详细描述了自己的人生经历，包括她跟随导师萨默斯（Summers）的求学经历，以及在谷歌（Google）的工作经历，还有在脸书（Facebook）与马克·扎克伯格（Mark Zuckerberg）共事的经历与想法。在过去的这 20 年里，即桑德伯格从哈佛商学院毕业之后，其经历可以分为三个非常重要的阶段。第一阶段是在政界，第二阶段是在谷歌，第三阶段则是在脸书。2001 年到 2008 年期间，桑德伯格在谷歌担任了很多重要的职位，离开时她的职位是谷歌全球在线销售和运营部门的副总裁。2008 年 3 月，桑德伯格加入脸书，担任首席运营官，负责脸书的营销、收购合作、公共政策和对外联络等一系列的工作，被媒体称作"脸书的第一夫人"。

桑德伯格并不认为成功或幸福只有一种定义，因为她知道，不是所有的女性都想要事业，或者是孩子，抑或什么都想要。她也不主张所有人都应该有同样的目标。她认为只要心里有爱，每个人都可以基于自己的人生观、价值观和梦想，去制定恰当的目标，详细地规划自己独特的人生航线，并为之努力。

这本书一共有 11 个章节，其核心内容大致可以归为两大类：一类是女性向前一步的内部壁垒，另一类则是女性向前一步的外部壁垒。

有关内部壁垒，书中谈及两个部分：一部分即有关个体本身。书中谈到了职业女性内在的恐惧和面对恐惧时的挑战心理，即想要获得成功、希望广受欢迎的心理暗示，以及女性很难去真实地表达自己想法、情绪的现状。另一部分则是有关伴侣和家庭。作者论述了如何让你的另一半成为你真正的人生搭档，并指出想要成为全能女人，掌控一切，这根本就是一个神话，是不可能的事。

关于外部壁垒，书中则提到了关于个人在职业生涯中的一些梦想、短期目标的设定、如何找到人生导师等等。

在外部壁垒方面，作者先举了几个现实例子。第一个事实：2011 年的麦肯锡报告曾指出，男性在职场的晋升通常是基于个人潜力的，而女性的晋升则经常是基于已有的成就。第二个事实：在全球 195 位国家元首里，只有 17 位是女性，各国议会中女性议员的占比通常在百分之二十几——美国有 18％的议会席位是女性，中国有 21％的人大代表是女性。第三个事实：在企业界，《财富》世界 500 强（Fortune Global 500）企业中，女性高管只占 4％，其中在美国企业界，14％的高管是女性，17％的董事是女性；而在中国上市公司的董事会中，8.5％的董事是女性，其中董事会主席只有 5％是女性。第四个事实：在薪酬方面，有 10％的女性薪酬会比男性薪酬低 16％到 29％。第五个事实：桑德伯格的公司是其天使投资机构自投资以来资助的第二家由女性担任首席执行官（CEO）的公司。

面对这样的事实，桑德伯格在书中给出了她自己的一些建议。她谈到如何规划职业生涯中的长远梦想和短期目标，如何找到自己的人生导师。另外，她还警告我们在职场中不要身还在、心已远。只有这样，我们才能够在向前一步的时候，突破外部壁垒。

关于职业生涯的目标规划，桑德伯格建议应该同时确立两个目标：一个是长远的梦想，一个是 18 个月的短期目标。

那么，如何确定长远的梦想？桑德伯格认为归于一点：就是看你在该领域的成长潜力。她认为，在任何一个领域里面，都存在着能够激发你成长潜力的工作。比如说在成熟企业，这个工作可能是在内部扩张的部门或者团队内；当然如果去创业的话，这本身就是非常具有成长潜力的一件事。这个建议不单单对女性适用，对于男性也一样。而在 18 个月的短期目标上，桑德伯格建议我们考量两个因素：一个是自己的团队能为公司做什么，还有一个就是自己能学到什么新的技能。

至于如何找到人生导师这个问题，书中也有提及。每个人在成长过程中都会碰到一些好导师，他们会给我们提供帮助或指导。但桑德伯格强调了非常重要的一点，她认为，只有个人脱颖而出，才有机会找到好的导师。这其实是和本书书名"向前一步"相呼应的。根据研究显示，导师对于门生的选择，是基于其外在的表现和内在的潜力。人会本能地愿意在那些才华出众的，或者通过资助能够真正有所发挥的人身上投资。如果被指导者能够善于利用时间，真心接受反馈，导师则会继续为之投入。

另外，桑德伯格在书中还提到了"不要身还在、心已远"这一观点。如果我们把人生想象成一项历时漫长且备受磨炼，但最后可能有所收获的马拉松比赛，那么男性和女性在这个过程中的经历是完全不一样的。男性在整个过程中会有人为其打气、加油，鼓励其坚持下去，而女性面对的更多的是类似"跑得还不错"这样的评价，或者是"将来生小孩怎么办""将来碰到某些困难是不是可能跑不完全程"这样的困惑。如果在这个过程中，女性放弃的话，人们总会报以理解和宽容，但是对于男性的退出，人们的评价就会变得非常苛刻。书里面举了一个很有趣的例子：一个5岁的小女孩和一个小男孩，小女孩很喜欢小男孩，对他说，我们两个人都想做宇航员，但如果我们上太空了，我们的孩子由谁照顾呢？女孩的这个想法从5岁影响到她30岁。桑德伯格认为这是女生典型的推论，大部分女性都会这样去想。

一个雄心勃勃的、小有成就的女性走在一条充满职业挑战的路上，可能某一天突然就想："我想要小孩""我想要找到伴侣""工作很辛苦"，但是，"要孩子的话，那就会减少工作时间"。如果这样想，身为律师助理的她可能就不会往律师事务所合伙人的方向去努力了，身为老师的她因此不一定会接着做很多调研和变革，身为销售人员的她可能就不再继续申请管理岗位了。

女性的这种精神准备可能长达 10 年。

桑德伯格认为，任何有幸可以自由选择人生的人，都应该保持一个开放的态度。你不应该在刚驶入职业或者事业的高速公路时，就急着寻找出口，甚至踩刹车稍作停留；你应该一直把脚放在油门上，等待选择的那一刻。等到你到达一定的速度的时候，你才有机会做出更明智的选择。

以上是桑德伯格就如何面对"外部壁垒"提出的宝贵建议，下面讲讲她对于"内部壁垒"的描述和分享。

首先，在本书第一章中，她谈到职业女性面临的内部壁垒。她认为职业女性之所以会面临很多障碍，其实是因为她们对很多事有恐惧感，比如怕别人不喜欢，怕做错选择，怕引来负面关注，怕自己飞得越高、跌得越重，怕被批判失败，甚至是怕被别人说自己是糟糕的母亲、妻子和女儿。这些恐惧，其根源是男女生理上的差异导致他们从小就有着不一样的待遇，成年后步入职场自然也会面对各种不一样的要求。很多人都会警告说，女性不可能同时拥有事业和家庭，女性在工作和事业之间平衡的问题也常被拿出来讨论，这些因素导致很多女性认为，在事业上过于活跃就会牺牲个人生活。桑德伯格认为这样的恐惧完全是没必要的。

如何去突破这个恐惧呢？她在第二章谈到了"向前一步"的故事，这个故事流传甚广。桑德伯格说，以前出去开会，她常发现女性都不喜欢坐在前排，有几位女士总是喜欢坐在后排的座位上。桑德伯格几次邀请她们往前排坐，但她们还是不肯。这样给其他人的感觉就是，她们在团队里只是旁观者，而不是参与者。她认为作为女性，必须相信自身的能力，对于一些资历范围之外的事儿，就是应该深吸一口气，高举双手，坐在前排。即使你暂时没有那么足够的信心，你也可以尽力去做到。

书中第六章也谈到了类似的观点，即"要成功，也要受欢迎"这样的想法是不可取的，要真实地表达自己的想法和情绪。桑德伯格进入脸书 6 个月后，曾与扎克伯格有过一次谈话。当时扎克伯格给了她一个建议：想赢得每个人欢心的想法是会阻碍你个人发展的，当你想要改变事情的时候，你将会做些努力，而这些努力一定不会取悦所有人，如果取悦了所有人，就不会取得充分的进步。在这一章中，桑德伯格还提到，很多女性不大喜欢在工作中分享自己的情绪，但其实如果你这样去做的话，能够帮助你建立更加深层的人际关系。

谈及伴侣与家庭，桑德伯格在这方面的感悟、故事和描述都是以自己为例谈起的。本书第八章是讲如何让伴侣成为你的人生搭档。作者认为，伴侣之间一开始就应该建立起平等的关系，因为男性的态度会对女性的事业产生巨大的影响，同时平等关系对下一代也有很大的影响。桑德伯格举了一个有趣的例子，曾经有一位已婚女士问桑德伯格如何和丈夫一起带孩子，桑德伯格回答说："放手，让他自己换尿布。"只要是丈夫亲自动手，那么就算把尿布戴在孩子头上，她也会面带微笑。因为只有这样，丈夫才能够快速了解正确换尿布的方法，如果总是强迫性地按照你的方式来，那么很快你就要包干所有的活了。

第九章中，桑德伯格一针见血地指出，全能女人是一个神话。掌控一切有可能吗？桑德伯格的答案是：这是最大的陷阱。她反问道：你能什么都做到吗？如果不能，你又如何能够拥有一切呢？所以掌控一切是不可能的。桑德伯格认为，如果一定要给成功下定义，那么成功就是为自己做出最好的选择，并且接受它们。

在整本书中，桑德伯格对自己所有的不完美都非常坦然。她能够很坦然地承认自己不可能做到一切，大声宣布全能女人只是神话；她可以自己做选择，比如白天将小孩放心地交给保姆；她也可以在跟她的工作伙伴谈论一些问题时，很真实地去表达自己内心的想法。当她认可自己的时候，自然也不会去苛求别人——正如她的座右铭："完成，好过完美。"

也许桑德伯格给出的不一定是正确答案，但是她的这种态度，将给我们很多的启发。

第三章　把硅谷搬进你的办公室

《硅谷百年史》： 移植硅谷的创新基因

分享作品： 阿伦·拉奥(Arun Rao)与皮埃罗·斯加鲁菲(Piero Scaruffi)
合著的《硅谷百年史——伟大的科技创新与创业历程(1900—
2013)》。为什么硅谷会成为创业与创新的第一孵化地？它的
创新基因可以移植到其他国家、城市，甚至公司身上吗？

分 享 者： Karl Kou，跨国公司副总裁，负责美国市场业务。在硅谷生活
工作多年，在斯坦福大学 EMBA 计划进修过，与硅谷的许多
创业者进行过沟通和交流。

《硅谷百年史——伟大的科技创新与创业历程（1900—2013）》（*A History of Silicon Valley：The Greatest Creation of Wealth in the History of the Planet*）的中文版是 2014 年出版的，这个版本译自英文原著

的第二版。它的两位作者都在硅谷生活且工作过多年，对硅谷许多成功的创业项目都非常了解，更曾参与其中。本书的两位译者也都是在硅谷发展多年的华人。20世纪90年代初，他们便离开中国大陆前往硅谷发展，这期间也参与了很多公司的创立，并亲身经历了许多新技术的发展，算是亲眼见证了这些年硅谷的发展历程。

总的来说这是一本讲述硅谷百年（从1900年到2013年）发展历程的书。它的封面文案引用了硅谷风险投资之父、红杉资本创始人唐·瓦伦丁（Don Valentine）的一句名言：硅谷有一种心态，在这里你不会因为失败而背负污名。这种对创新的强调和失败的容忍正代表了硅谷文化。大家创新会面临诸多风险，且随时都有可能失败，而正是由于硅谷有着这种容忍失败的文化，它才能激励人们不断地在这里创新，在这里冒险。

本书按照时间顺序讲述了硅谷从一个很小的、大概只有两万人的城镇，到最后发展成为吸引全球各大著名IT公司的高科技产业王国的历程。书中详述了硅谷在不同阶段发生的重大事件，比如斯坦福大学的成立、惠普公司的创建，还有英特尔公司的诞生、苹果公司的崛起，以及谷歌、脸书、特斯拉这些新兴公司的发展历程。在讲述这些事件和企业的过程中，作者还穿插了很多对硅谷周边的文化、思想，包括艺术发展的介绍。由此可见，作者并不是单一地向读者介绍硅谷，而是从更加全面、综合的角度去理解硅谷，认识硅谷的各种现象。

全世界，尤其是IT界，都非常看好硅谷，更有很多地方在争相学习、模仿硅谷。但是迄今为止，还没有一个真正能够完全复制硅谷的地方。硅谷凭什么能造就这么多新兴高科技产业，并把它们变成IT行业的领头羊？作者认为原因是多方面的。硅谷的成功并不是偶然，它的创新和创业的强大动力来源于其充满活力的体制，而这个体制的形成有着深刻的历史和文化渊源。全书用很浓重的笔墨探讨了旧金山湾区周边的社会文化环境对其产生的影响,从开发西部的时代起,硅谷就成为机遇的摇篮和冒险者的乐园。无政府、乌托邦、言论自由、独立精神等各种思潮的撞击,使得湾区在前硅谷时代就产生了美国各类文化潮流,其中以摇滚乐为代表的文化艺术潮流更是几乎伴着硅谷发展的整个过程。所以作者认为硅谷的发展不仅仅是靠科技的动力,还有文化和艺术的动力。另外,作者还有一个独特的观点,他认为实际上硅谷发明创造的东西并不多,大多数的发明创造并不来源于硅谷,硅谷的贡献是在于它能够识别那些可能会对社会产生颠覆性影响的发明,并对它们进行商业性的开发。在作者的认识里,硅谷可能更像一个对高科技有着敏锐市场嗅觉的研究中心,而不是发明工厂。

书中还强调了产业之间的互相催生作用。作者认为产业不是单一发展的,而是会形成一条生态链,产业之间是互相促进、互相激发的。比如说淘金热,刚开始的淘金热催生了铁路业,而铁路业又带动了运输业,运输业又带动港口业,港口业又有两个伴生作用:一方面港口业催生了沿海城市,城市需要建立,输电需要高压电力线,这些原因就使得硅谷地区成为电力工程技术的领先者;另一方面,港口又需要无线电通信,需要电子信息业的发展,从而促生了新的电子信息业的需求,促生了半导体业,半导体业又衍生出了微处理器产业,从而产生了个人计算机,计算机又催生了软件业,软件业又得益于互联网,互联网巨头在创造了巨额财富之后,又投资于生物科技和绿色环保技术。

简而言之,正是这种产业联动创造了旧金山湾区整个 20 世纪的历史。接下来我们来看一些硅谷的统计数据。首先我们看一下硅谷技术企业的前十强名单,里面包括苹果、惠普、英特尔、谷歌、奥瑞克、思科、eBay、吉利德科学公司、富兰克林资源公司和应用材料公司,可以看到基本上规模巨大的公司都集中在 IT 业、生物行业,还有投资行业和金融服务行业。硅谷是有一条产业链的,它除了吸引一些高新技术行业之外,还有大量的风险投资资本聚焦在这里。这本书里有另一个统计数据，那就是硅谷地区的风险投资成本占了全美国风险资本总额的40%，排在全美第一位。

总的说来，硅谷的发展可以总结为"天时、地利、人和"。所谓"天时"就是整个硅谷的发展时间实际上是比较切合历史进程的，一开始是西部淘金热带来了加州第一批商业的发展。在这之后，交通运输的发展使硅谷对科学技术有了更多的要求。斯坦福大学就是在这个阶段建立的，而硅谷的发展跟斯坦福大学密不可分。斯坦福大学刚建立的时候大概只属于美国的中上等水平学校，但随着二战结束，国家对军事以及高新技术的发展需求大幅度提升，斯坦福大学得到了非常多的研究资助，从而开启了它对新的科学产业，包括无线电、半导体行业的研究，进而促进了整个技术的发展。

我们知道，硅谷在早期得到天使资金或风险投资的资助，这种逐渐发展起来的风投机制对于整个湾区创业公司的发展至关重要。在斯坦福大学的周边围绕着一群这样的风投，他们时时刻刻都在找寻新的商业机会，投资新的技术。作者在书中强调了一点，虽然硅谷有很多的风险投资，但真正最大的风险投资家实际上是美国政府。总之，所有这些造就了整个硅谷的产业链，或者说生态链。

斯坦福大学还有一个创举，就是在20世纪50年代，斯坦福大学的工学院院长倡导了整个大学校园的开放，鼓励企业在大学旁边进行创业。许多人都熟悉的故事就是工学院院长特尔曼个人资助了500多美元，帮助斯坦福大学的学生创办了惠普公司，这就是惠普公司的来历，也是硅谷新创公司标志性的起源。惠普发明了很多高科技公司的经营方式，包括股权结构、对员工的激励、对企业价值的定义、对企业社会责任的定义等，这些经营方式对后来的很多企业产生了深远的影响。

随着惠普的进入，硅谷又迎来了另一个里程碑性的阶段——威廉·肖克利（William Shockley）发明了半导体。肖克利原是贝尔实验室的一个工程师,他是半导体的晶体管发明人之一,也因此获得了诺贝尔奖。正是由于他搬到了加州,才促进了整个湾区半导体业的发展。半导体业最早的母公司叫作仙童,这个公司是由从贝尔实验室出来的八个人创建的。后来这个公司不断发展壮大,分离出很多新的公司,其中就包括著名的英特尔公司和超威半导体公司,这些公司引领了整个硅谷半导体业的发展。著名的摩尔定律就是由英特尔的创始人之一提出来的。另外,硅谷的名字也源于肖克利在半导体领域的成就。

"地利",是我们要讲的第二个方面,也就是硅谷的地理位置极佳。它有面向海外的港口,非常利于文化的交融和国际性贸易。此外,除斯坦福大学之外,还有很多大公司在这里建立了研究中心,包括 IBM 的研究中心,还有早期比较有名的施乐公司的研究中心等等,它们都在这里产生了很多新的创意。硅谷的先天环境非常好,特别干净卫生,有利于半导体的生产和行业的发展。同时由于湾区的天气非常好,四季如春,全球的精英到这里之后就不愿再离开,这也是它"地利"的一个方面。当然"地利"里面还包含文化因素,大家可以看到,硅谷实际上是一个文化融合的集合体,这里没有所谓的主流文化,所有的文化都在此交汇,大家是一种平等、互相促进的状态。这就造就了硅谷的无中心文化氛围,使其更容易诞生出新的创造性的概念。

第三个方面我们要讲到"人和",人是最核心的因素,正是有了人才产生了这么多的财富和创新。谈到"人和",我们不得不说,正是硅谷的这种交融性文化使其能够非常容易地容纳多元的文化、多元的人群。这些人群里有很多都是移民,而移民是最富于冒险精神的,他们有着通过努力来提升自己社会地位的强烈意愿,这就使得这批人非常的勤奋、有创意,他们非常愿意去尝试改变当地产业结构,或者改变自己的生活。

硅谷多元化的文化背景,保证了其初创公司基本上在创始的时候就是国际化、文化交融的公司,出来的产品或者方案都是面向国际市场的,这也直接导致了硅谷出来的产品很快就可以在全球进行推广和复制。当然机制也起到了促进作用。这些人的付出会不会得到很大的回报？硅谷又是怎样让创造者得到最大回报的？这也是整个硅谷创业机制里非常值得学习的地方。硅谷创造了一种相对公平的利润分配形式，尤其是通过股权和期权让投资创新的人能够在创新获得成功的时候得到应得的回报。也正因如此，硅谷成了创造百万富翁最快的地方，同时也形成了一个良性循环，不断地吸引全世界各个国家的英才到这里来。

有一个叫约翰·努尔的风险投资家，他一直认为互联网是这个星球历史上最伟大的、合法的财富创造活动。而硅谷作为全球互联网技术中心，恰恰体现了这种财富创造的过程，即通过技术创造财富。这一点在最近的一些事例中尤为明显，如脸书花了 190 亿美元收购了只有几十名员工的 WhatsApp。前段时间在硅谷比较火的特斯拉汽车公司作为一家濒临倒闭的企业，最后一举成名，股票涨到 200 多美元一股。还有近年才流行起来的优步（Uber），一款可以叫车的创新软件，它的估值已经超过了 100 亿美元，而这家公司才只有 50 多名员工。

前两年也有这样的例子，我在硅谷的时候就经历过。一个是脸书收购 Instagram 花了十几亿美元，而这家小公司只有十几个人。还有就是威睿公司（VMware）花了 13 亿美元收购了 Nicira（软件定义网络的先驱企业），该公司也是只有十几个人。正是由于这种独特的创业机制，使硅谷具有强大的吸引力，吸引所有愿意创业、看好未来且有梦想的人到这里来。

那么对于财富，硅谷人的理解是怎样的呢？实际上，他们对财富的理解与华尔街非常不一样。硅谷人看待财富并不将其等同于金钱。硅谷人所认为的财富主要是由用来改善人们生活的商品和服务组成的，包括有形的产品和无形的服务。这是硅谷跟其他地方的重大区别所在，它不认为只有钱才是财富。另外，硅谷的一些创富者（即常讲的"创新、创业、创富"，指通过劳动创造财富者），一些已经获得成功的创业家，他们会把创业获得的财富重新投入新一轮的创新活动，这也是硅谷可以源源不断地得到创新投资、新兴公司也能不断得到资助的原因。

在硅谷有一句俗语，"没有什么东西是错误的"（Nothing is Mistake）。这里没有成功，也没有失败，有的只是不断的创造。这种包容失败的文化在整个硅谷文化的血液里已流淌百年，也恰是百年硅谷的灵魂所在。

《创新自信力》： 如何激发团队创造力

分享作品: 《创新自信力》(*Creative Confidence*),出自创新前沿的两位领军人物——IDEO 创始人戴维·凯利(David Kelley)和畅销书《创新的艺术》的作者汤姆·凯利(Tom Kelley)。

分 享 者: 梁海燕(Helen Liang)博士,硅谷连续创业者,UstartX 加速器创始人和 CEO,天使投资人,清华 x-lab 导师,创业读书分享类公众号"千读"创始人。曾在希捷科技(Seagate Technology)任高级工程师和产品经理,也曾应邀在清华大学、复旦大学、中欧商学院举办讲座。博士毕业于美国威斯康星大学麦迪逊分校(University of Wisconsin-Madison)。

《创新自信力》主要讲述如何释放、培养和提升创造力。这本书背后有很特别的故事。首先从作者讲起,戴维·凯利和汤姆·凯利是兄弟,戴维是哥哥,汤姆是弟弟。这两兄弟在美国的创新界都非常有名,戴维·凯利是硅谷很有名的设计公司 IDEO 的创始人,他同时也是斯坦福大学最早的产品设

计项目的践行者之一,致力于将设计的理念以及重要性引入工程学院的课程中。另外,戴维也是斯坦福大学设计研究所的创始人。斯坦福的商学院非常有名,他们当时创立设计研究所就是希望能将它做得和商学院一样好,而今天它几乎已经和商学院齐名了。弟弟汤姆·凯利曾获加州大学伯克利分校(University of California-Berkeley,简称 UC Berkeley)的工商管理硕士学位,是美国创新领域有名的创新顾问,写过很多关于创新的畅销书,其中有一本叫《创新的艺术》(*The Art of Innovation*),还有一本叫《创新的十种面貌》(*Ten Faces of Innovation*),两本都很受欢迎。后来他和哥哥戴维一起管理 IDEO,是 IDEO 的总经理。

这两兄弟之前一直在合作,但一起写书还是第一次。三年前,哥哥戴维·凯利不幸被诊断出患有喉癌,医生给了他非常严重的警告,说他能活下来的概率不到 40%。戴维因此突然觉得,他要在有限的时间里做一件非常有意义的事情,于是就和弟弟汤姆写了这本书。非常幸运的是,戴维的病情最终被成功控制住而且治好了,这本《创新自信力》也顺利出版。

为什么要分享这本书呢? 首先,创新和创造力是目前大家都比较关注的两大领域,而这两位是美国公认的这两大领域的意见领袖。在中国,创业人士在事业发展以及带领团队的过程当中也越来越关注创造力。国内的企业非常善于"山寨","山寨"有好的一面,可以快速模仿,也包含一部分的微创新,但也这暴露出中国企业的很多问题,其中就包括缺少原创的能力。中国企业的很多创意都来自于美国或其他西方国家,企业在快速模仿之后便把产品推向市场。这一问题的产生也可能是因为我们从小接受的教育中对创造力的培养就是相对缺乏的,而美国的教育则从幼儿园、小学阶段开始就非常重视对孩子创造力的培养。创造力本身就是一种能力,是可以培养的。如果中国的企业家可以更多地去学习怎样带领团队,怎样释放自己的创造力,以及怎样拥有创新自信力,那么我相信这样的学习对于企业和行业竞争格局都是非常有价值的。

再回到本书的主题——创新自信力，它其实主要在讲如何用设计思考来发现自己的创造力，来带领团队进行创新，以及培养团队的创造力。斯坦福大学的设计研究所推崇的设计思考在美国创新领域是一个被讨论得越来越多的话题，即一种创新的思维方法，是一个创造性思考的过程。我们今天听到的，比如如何传递惊喜，如何通过产品设计给用户带来惊喜，就是设计思考要回答的问题。也就是说，我们如何运用设计思考不断给用户带来有惊喜的产品。设计思考主要强调三点：首先，我们在设计任何一个产品的时候都要从人的角度出发，即该产品是要有市场需求的；第二，从技术的角度来说是可行的；当有了需求性和可行性，还需要第三点，就是从商业角度来说是可操作、可运营的。只有具备了这三点，我们的产品才是成功的，这就是设计思考的切入点，也是我们做任何一个产品的时候需同时考虑到的三方面。

在创新领域有两种模式，一种是技术驱动，另一种是市场驱动。而在技术快速发展的过去 30 年里，通常被忽视的一点是用户需求，也就是以人为本。设计思考强调的是以人为中心的设计，除了考虑技术、市场以外，我们应该回到以用户为中心的设计方法上去。这里特别强调"换位思考"，在设计产品的时候需站在用户的角度来看，以用户为中心来设计产品，了解他们需要什么样的技术和功能，如何找到价值点来推向市场，哪些问题是需要解决的。

以人为中心，了解需求，解决问题，创造价值，这才是最重要的。关于这一点，书里举了一个关于磁共振扫描仪的例子。在通用电器公司的医疗部门有一个工程师叫道格·迪茨（Doug Dietz），他是个技术"大牛"，就是他带领团队开发出了现在医院常用的磁共振成像仪器，他自己也很自豪。有一次，道格带着团队去医院看他们开发的仪器是怎样运作的，结果发现大部分时候仪器都是用来诊断小孩子是否得了脑瘤等病症，但孩子们看到仪器首先感到的是恐惧,因为仪器运行需要一个巨大的磁铁。这位设计师亲眼看到一位得了脑瘤的六岁小女孩,到了这个巨大的"怪物"面前表现得多么恐惧,于是他的想法被彻底改变了。尽管他的仪器本身功能很好,他自己在这个行业也是一流的专家,他却认为自己的产品做得非常失败。他开始彻底反思,到底应该怎样围绕用户,特别是针对儿童这个群体来设计磁共振扫描仪。之后他回到通用电器公司,带领团队进行反思并达成共识:应该针对不同年龄层的用户进行产品设计。于是他们给儿童医院专门设计了一款扫描仪,仪器的外部被设计成卡通式和游戏式的,外观像一座山一样,中间有个隧道。小孩子在进行脑部扫描的时候就像坐在一艘海盗船上面,通过隧道进去,停留五分钟。这样孩子就少了恐惧感,多了好奇心。

推出这个设计之后,道格又回到医院看这个新的设计带来了什么变化。这一次,他看到一个得了癌症的小朋友被妈妈带来做检查。孩子检查完之后很高兴,满脸笑容,说明天能不能再来玩一次。这时候,他才觉得产品是真正成功了。因为他把小孩做扫描检查时非常恐惧的体验变成了很好玩的体验。这就是如何用设计思考来考虑产品设计的好例子,道格的产品体验真正顾及了用户的心理。

那么,如何才能培养创造力呢?

斯坦福大学设计研究所在设计思考领域非常领先,它每年都会为美国科技公司提供高管设计思考训练营,希望通过设计思维方式来影响负责新产品开发和设计的高管们,教会他们怎样带领自己的团队,设计出以人为本的产品。但有一个问题,尽管这些高管曾经也是名校的高才生,都是从工程师到产品经理一路走过来的,但在上这门设计思考课时,他们大部分人都认为自己在工作当中是没有创造力的。这是因为设计研究所的设计思考课程通常会要求参与的人群是跨界的,很多学员是公司的首席执行官、首席财政官或首席营销官,而不是真正在一线做产品设计的人员。

因此这些高管们在一起上课的第一天都非常恐惧。为什么用"恐惧"这个词呢？因为大多数人都害怕暴露自己的弱点，他们特别害怕失败。设计思考课程会要求学生不断尝试新东西，但通常人们到了一定的年龄都会害怕新的尝试，他们会想，这个东西不是我所擅长的，我要不要去试呢？这就是一种恐惧。大部分人到了一定的事业阶段，都会形成固有的思维方式和心态，会认为自己在某一方面很厉害，比如有些人说，我在技术方面很厉害，但我做市场营销不行；有些人则说，我做市场营销很厉害，但技术方面懂得真的不多，这就是固有的思维方式。在这本书里面，两位作者提到一个词，"成长式心态"。也就是说，如果你要找到自己内心的创新自信力，你首先就不能抱着一种固有的心态，而是一定要有不断成长的心态。

这点很有意思，对于喜欢读书的人来说，不管到了什么年龄段都是有成长心态的，因为不断读书本身就是一种学习的过程，你在不断的学习当中还会有新的思考，这就是一个成长的心态，也可以叫作学习的心态。有一个很有意思的统计，在美国业界，尤其是科技界，有近2/3甚至3/4的高管都没有成长的心态，他们常常将自己放在一个固有的位置上，认为我就是做销售的，我就是做技术的，或者我就是做运营的，这就是一个不利于发现和挖掘自己创造力的心态。如果要发现自己的创新自信力，首先我们要有一个成长的心态，不管你在某一个领域的成就有多大，始终要保持一种随时归零、随时重新学习、随时出发的心态，这样才能发现和保持自己的创造力。

在有了成长的心态后，具体应该怎么做呢？好的心态就是好的开始，接下来对于如何找到自己的创新自信力，作者提了一些小的建议。第一个建议，作者提倡我们像一个旅行者一样去思考，这时候我们的好奇心会非常强。这就像当我们旅行的时候，到了一个新的环境，我们就会丢掉在原有环境中一些固有的预期。这是一个非常重要的基础。当有了好奇心之后，我们才会去观察，去不断问问题，去思考为什么。

第二个建议就是，我们回想自己在生活中迸发出好创意的时刻，即创造力很高的时候，我们通常是处于很放松的状态。旅行的时候，你会很放松，因为你是在用欣赏的心态去看周围的事情，也因此会发现很多以前从来都注意不到的细节。我们在培养创造力的过程中要经常做一些类似的体验，给自己一个非常放松的环境，用好奇的心态去观察周围的事情，看待要解决的问题。

作者给出的第三个建议是要换位思考，不论我们是在解决产品问题还是服务问题，都要进行换位思考，站在用户的角度来看。例如，用户每一天的生活是怎样的，会碰到什么样的问题，当他碰到这个问题的时候会怎样去寻求帮助。只有当我们站在用户的角度思考时，我们才能够发现在这个过程中，什么时间点是我们传递价值的最佳切入点。有一个非常有效的方法，当我们解决一个具体问题的时候，不妨从各种不同的角度来看这个问题。比如说一款产品，它的销售量不太好，用户的反馈也不太好，这时候我们就需要从不同的角度分析，例如是不是产品推出市场的时机不对，或者产品的定位不对，还是目标人群不对。而不是一出现问题，就很快把自己的问题跳过，将思维限得很窄。

想要不断保持自己的创新自信力，还有一点非常重要，就是我们周围要有一群有着同样成长心态的朋友，比如说创业的人都会有一个创业的朋友圈。这样，当我们有了一个新创意的时候，就能够从他们那里得到很好的建议，并且能够与有着同类思维方式的人展开头脑风暴、讨论，这对于保持创新自信力非常重要。

对于创新自信力，作者还提到一点，就是对于个人来讲，一定要知道自己的激情在哪里。他指出，很多人尤其是在大公司里上班的人，通常会落入一个陷阱，也就是所谓的温柔陷阱。比如通常我们从学校毕业，找了一份很好的工作，有一个很好的职位，可是等到有了一定成就的时候，往往会碰到一个瓶颈或者陷阱。当你再往前走的时候，哪怕自己所在的职位看起来很不错，甚至是令人羡慕的，可是自己内心的感觉却非常糟糕，觉得再也看不到成长的空间。这时候该怎么办？这就是一个陷阱，所谓的"看起来不错，感觉很糟糕"。大多数人陷入这个状态的时候内心都会非常挣扎，虽然你有一个很好的职位，收入也非常不错，在这个领域有一定的声望和成就，但你自己内心却非常迷惘，不知道接下来该往哪里走。

这时候，你需要找到你的激情。什么东西是你每天早上醒来的动力？就是我们通常说的你是被梦想叫醒，还是被闹钟叫醒。作者认为这点对于发现自己的创新自信力非常重要。如果你每天是被闹钟叫醒的，那么你就处在一个非常低迷的状态。如果你是为了薪水、支票工作，那么你就处于一个非常有害的状态。这两种状态对于挖掘自己的创新自信力都非常不利。

作者就如何找到自己的激情和热爱也提出了一些建议。首先，针对个人来说，我们在工作当中要找到自己奇思妙想的瞬间，这时候是什么东西在影响你的决定？有哪些因素让你看到自己的激情？这时候就是你创造力非常高的时候。我们能做的就是找到这样的状态，在生活中激发更多这样的场景。

其次，对于团队来说，怎样带领一个有创造力的团队呢？作者提出的观点就是，团队的每一个成员都需要有这样的创新自信力，如此才会形成一个有创造力的文化氛围。作为团队的领袖，特别要注意的是，我们在一个团队里讨论问题、开始头脑风暴的时候不要急于批评，那样对创造力会是扼杀式的，伤害程度非常大。通常我们会说这个想法很糟糕，对团队来说非常糟糕，或者说我们试过，这个根本不行，凡是这一类的负能量的言语对于创造力来说杀伤力都是很大的。团队领袖一定要避免任何负能量的情绪出现在团队里,你需要多加入正面的心态,比如说"我们试试这个怎么样?"鼓励大家试试不同的想法或者路径,尝试不同的解决方案,多问问"还有什么",而不是一上来就摆明什么可行、什么不可行。要采取非常开放的心态,你的团队才会有创造力。

书中还介绍了另外几个培养设计思考的方法。其中一个叫"思维导图",它其实就是帮助大家通过发散式思维看到各种可能性和相关性。通常我们的逻辑思维方式是根据不断得出的结论来归纳,这是收敛式的思维方式,而创新的时候我们需要找到一个发散式的思维方式。我们回答问题的时候可以从一个点出发,从这个点上画一个树枝图伸展开去,先确定这个点的决定因素、相关因素有哪些,找到相关因素以后根据每一个相关因素的影响因素再往下走,这样就变成一个树枝状的思维导图。

还有一个方法叫"同理心导图",是一种在设计思考里非常有用也很简单的思维方式,即上文中提到的换位思考,站在用户的角度考虑问题。具体怎么做呢?假设我们自己是用户,我们画出自己每一天会说的话、听到的信息,以及我们的感觉;听到这些信息之后我们如何去思考,思考之后我们采取了什么样的行动。从这五个方向切入,我们就会从一个非常感性的层面去了解用户,真正拥有换位思考的能力。

最后,回到这本书的创作初衷,本书的目的就是要告诉大家,不管我们在事业的哪个阶段,创新自信力都非常重要,尤其是在我们面临挑战性工作的时候。只有当我们自己有一个成长的心态,有不断归零的心态和学习的心态,我们才有可能拥有创新自信力。而对于团队领袖来说,只有当团队的成员都具有这种创新自信力,然后你再用一些创新的思维方法带领团队,你才会拥有一支强大的有创造力的团队。书中不乏许多有趣的案例,总之,给创业的你会提供有效的参考。

《从0到1》： 成为行业的革新者和垄断者

分享作品：《从0到1：开启商业与未来的秘密》(*Zero to One：Notes on Startups，or How to Build the Future*)，硅谷创投教父、PayPal创始人彼得·蒂尔(Peter Thiel)力作，开启为世界创造价值的商业哲学。

分 享 者：梁海燕(Helen Liang)博士，硅谷连续创业者，UstartX加速器创始人和CEO，天使投资人，清华x-lab导师，创业读书分享类公众号"千读"创始人。曾在希捷科技(Seagate Technology)任高级工程师和产品经理，也曾应邀在清华大学、复旦大学、中欧商学院举办讲座。博士毕业于美国威斯康星大学麦迪逊分校(University of Wisconsin-Madison)。

《从0到1：开启商业与未来的秘密》(*Zero to One：Notes on Startups，or How to Build the Future*)是硅谷创投教父、PayPal创始人彼得·蒂尔(Peter Thiel)的作品，出版以后便引起了广泛关注，网上也有很多讨论这本书的帖子。

在介绍这本书之前,来看看一位知名作者,也就是《黑天鹅》和《反脆弱》的作者纳西姆·尼古拉斯·塔勒布(Nassim Nicholas Taleb)对它的评价。他说:"这是一本值得精读的书,读一遍不够,要再读一遍,最好是读三遍。"

彼得·蒂尔,创业人士可能对他再熟悉不过了。他是位德裔美国人,同时也是一位风险投资人和对冲基金的管理人。他最著名的创业故事就是PayPal,他是 PayPal 的联合创始人。PayPal 上市的时候他担任 CEO,卖掉Paypal 之后,他创立了另外一家公司,叫 Palantir。他同时也在管理一个很大的基金,有着 20 亿美元的资产。2004 年的时候,彼得花了 50 万美元买了脸书(Facebook)10%的股权。在硅谷,他就是一个传奇性的人物。大家都知道他是"PayPal 黑帮"的老大,他带领的"PayPal 黑帮"现在的影响力非常巨大,他们陆续成立了七家公司,每一家公司的估值都超过 10 亿美元。彼得·蒂尔是一位很著名的未来主义者,所以这本书中的思考很多也是来源于他怎么看未来,而本书副标题也正与此呼应。

关于书名"从 0 到 1"的含义,这里再补充一下。作者的观点是关于如何看待未来发展,他有两个很有意思的定义,他认为人类的进步分为两个方向:一个是横向,一个是纵向。关于横向发展,他举了一个例子,中国在过去30 年里的发展并没有太大的突破性,更多的是把西方成熟的商业模式拿来进行本土化,这个就属于横向发展。作者认为这是全球化的一种成功,当然也是很大的进步。关于横向发展有一个很形象的比喻,就是从 1 到 N,是一种规模上的逐渐增大,但本质上没有太大差异。而本书强调的是纵向发展,这就意味着要有新技术的突破,这个类型的发展才能叫从 0 到 1。纵观人类进步和技术的发展史,你会发现,纵向和横向发展很多时候是同时存在的。当技术发展到了一定阶段的时候,会保持横向,也就是从 1 到 N 的发展,而很难有纵向的、技术性的突破。这本书的目的其实是想提出一个挑战性的想法:初创公司应该更多地去考虑怎样寻求新的技术突破。

这本书的内容其实是作者几年前在斯坦福大学开的一门创业课的讲义。关于这门课还有一个很有意思的故事，当时课上有一名非常认真的学生叫 Blake Maters，这个学生听课时做了特别详细的笔记，彼得·蒂尔就以这本笔记作为蓝本写下了这本书。

《从 0 到 1：开启商业与未来的秘密》一共有 14 章，本文就其中的 6 点提取出来与大家分享。第一点，也是大家常常说的，成功的公司好像有很多共同的地方，但作者却从另外一个角度，认为非常成功或者伟大的公司其实都是不一样的。为什么他会这么讲呢？他提出了一个概念，也是他特别强调的——垄断，这个垄断是相对于我们通常所说的完全竞争而言。通常在商学院的教材里，分析商业的成功会从市场竞争的角度来看一家公司是如何活下来的，看它如何降低成本、如何提高效率，而这个角度对于彼得来讲是没有太多价值的。因为如果一个公司或者一个行业，处于这种完全竞争的状态，基本就是在求生存，不会有太多的余力去寻求真正突破性的创新。

作者认为，其实当一家公司真正拥有垄断性地位的时候，对这个社会起到的推动作用会更大，比如说谷歌，因为它有着巨大的利润，这个利润就促使它敢于冒险，敢于有更长远的计划，从而来带动创新。我们再看看其他获得了巨大成功的公司，如亚马逊，还有曾经的微软，它们其实都是某种意义上的一种垄断。作者在这里提到一个例子，如果按通常商学院的分析来看，大家会认为美国的航空业是一个很好的商业领域，因为大家都会坐飞机，但实际上这个行业的竞争非常严重，许多年来一直都没什么钱可赚，利润低到大概只有 0.2%。相比之下，谷歌的利润就很轻松地超过了 21%。所以作者认为，我们在看一家新公司的时候，要关注它有没有垄断这个市场的可能性。

这里还提到一个词叫"后发定局的能力"（the last mover advantage），也就是本文分享的第二点。"后发定局的能力"也就是通常商学院教材里所谓的"抢占先机",但作者特别强调,抢占先机也许没有那么重要,更重要的是你有后发定局的能力。他举了个例子,比如说推特(Twitter)这个社交网络,虽然它没有赚钱,但估值却远远超过《纽约时报》,尽管《纽约时报》每年都有营利。这是为什么呢?因为大家看重的是它的未来,是它在未来营利的能力。

回到刚才提及的垄断,我们根据哪些标准来判断一家公司是不是垄断呢?首先就是看它有没有占绝对优势的专有技术,这里有一个规则,就是你至少要比同类的公司好十倍,或者比前一代的公司好十倍。比如亚马逊,它最开始在网上卖书的时候,存书量(指图书数量)就轻而易举地多过任何一家书店几十倍甚至上百倍;其次是讲网络效应,你的网络效应越大,价值就会越高;第三我们大家都很熟悉,也就是规模效应;最后是品牌,通常垄断性公司的品牌效应会非常强,比如说苹果、谷歌,还有亚马逊。

那么对于初创公司来说,如果想朝着垄断性的方向发展,该如何定位呢?作者建议,在一开始要找一个非常小的市场,然后在那个市场里从一个非常具有优势的定位开始。好比脸书,它就是从哈佛校园里非常小的一群人开始的,但它从一开始就决定了垄断的优势,从而很快遍布全美,甚至遍布全球。同样的还有 eBay 和亚马逊,亚马逊的模式其实也很好理解,一开始它只卖书,然后发展到现在什么都卖。它从在一个很小的细分市场里保持绝对的优势开始,进而很快地垄断了整个电商市场。想要后发定局,就应该想一想,当你的初创公司进入这个细分市场的时候,有没有自己的优势,有没有自己的专业技术,技术是不是足够好,是不是比别人好一个数量级,然后你有没有网络效应,有没有规模效应,有没有品牌效应。很多时候技术出身的创始人往往会忽视品牌的作用,认为只要把产品做好,技术够牛,就够了,其实品牌很多时候对于垄断来讲,会起到非常大的作用。

前面讲了两点,第三点要分享的是关于"PayPal 黑帮"的故事,这个"黑帮"是如何形成的，有哪些特点和机制呢？在 PayPal 被卖掉以后，"PayPal 黑帮"相继做了七家公司，这里面包括大家都很熟悉的 YouTube、Yelp、Yammer 等，每一家公司的估值都超过 10 亿美元。

那么他们是怎样形成这样一个类似帮派组织，并且影响力非常大的团体呢？首先当然是从招人开始。彼得招人不只是要看这些人的职业素养，更多的是要看这些非常有才华的人能不能享受在一起工作的过程，这一点更加重要。彼得也提到他自己的经历，他在斯坦福大学读的是法学专业，然后进入了纽约一家很有名的律师事务所。他发现里面的律师都非常能干，但是私下里彼此厌恶，完全没有办法在一起工作，彼得觉得这样的氛围是毫无价值的，所以他在招人的时候一定会问旁边的人："你愿意跟他一起工作吗？"而且他会问团队里的每一个人："你喜欢这个新来的人吗？"如果大家都不喜欢，他就一定不会招这个人。在这里他还提到一点，就是在招人的时候要拿什么去吸引那些特别有才能的人。很多时候大家会直接想到类似期权、股权和很高的薪水这些外部因素，而实际上，这些都不是能够长久吸引人的条件，能长久吸引人的一定是稳定的核心团队，还有这个团队的使命感。

彼得在 PayPal 的时候做过一件事情，就是要求初始团队的每一个人只专注做一件事情。每个人必须挑一件自己做得最好的事情专注地去做。一开始他的团队不太理解，说一个人怎么可能只做一件事情呢？但彼得却特别坚持，并且每一次跟团队成员面谈的时候就只问他选择的这件事情，只讨论这件事情，其他事情全都不问。他特别想让团队里的每个人都能形成一个聚焦点，在自己特别重视的领域专心做一件事情，并且把这件事情做得很漂亮。

第四点要分享的也是在硅谷文化里常常会被忽略的一点——销售。在硅谷的文化里，设计师和发明家这两类人通常被认为处于相对重要的位置，他们都不太看得上做销售的人。彼得·蒂尔在这本书里强调,这也是一个误区。就技术性公司而言,你的技术越复杂,就越是应该重视销售。他举了两个很好的例子,一个是美国太空探索技术公司(SpaceX),也就是埃隆·马斯克(Elon Musk)做火箭发射的公司。大家只知道埃隆对工程产品方面的专注,却没发现他也是一个非常优秀的销售大师。为什么这么讲呢?埃隆·马斯克的几个公司都是靠投入大笔资金才艰难地活下来的,比如说特斯拉(Tesla),在外部市场很艰难的情况下,靠从美国政府拿到一大笔贷款才活了下来。像 SpaceX 这样需要跟美国政府打交道的项目,他一定是自己去谈,而不会派他的销售副总去,他的另一个公司 Palantir 也是如此。公司的 CEO 们其实每个月 30 天中的 25 天都在路上做销售推广。

彼得·蒂尔总结说,当你的公司的每一笔交易额都在 100 万美元以上时,CEO 就必定承担销售的职责,而不是把所有的销售任务交给销售副总,因为你自己才是最主要的销售。他也特别强调,就销售来讲,产品不仅仅是要卖给你的用户,还包括卖给你自己的员工和投资人,这些都是需要推销和营销能力的。你不仅要有很好的技术、很好的产品,同样也需要非常好的公关能力,这样你的产品、你的公司才能够持续发展。他举的例子就是在 PayPal 早期的时候,为了能尽快扩大用户量,付给了每个注册用户 10 美元,如果你又推荐了朋友注册,就再付你 10 美元。他们当时花了一大笔钱把最初的用户群建立起来,这种做法实际上也是非常值得的。因为从那以后,几乎每过 10 天用户数量就会翻倍。工程师出身的创始人和 CEO 通常以为把销售任务交给负责销售的副总或者主管就行了,但其实一定要从 CEO 开始,让自己成为最大的销售。作者有一句话说,你在公司里面环顾周围,如果没有发现销售人员,那其实是你还没有意识到,你就是这个销售人员。

第五点是有关最近几年特别热门的一个话题——人类和机器,本书中有一个章节是专门针对该话题的。在硅谷有一群人特别推崇"奇点"

(Singularity)一说，认为机器人有一天会超越人类的智慧，甚至会代替人类。作者在这一章中提出的问题是：现在电脑能力越来越强大，是否有一天会代替人类？你的电脑会不会有一天代替你呢？会不会有一个很像你的智能机器人取代你呢？彼得·蒂尔实际上是从一个更宏观的角度来看这个问题的，他认为，机器人、电脑始终只是我们人类的一种工具，永远不可能替代我们。

这个问题的产生要追溯到1997年，当时IBM生产出一个机器人叫"深蓝"(Deep Blue)，它打败了当时的世界国际象棋冠军；在2011年的时候，同样是IBM的机器人，叫"沃森"(Watson)，它战胜了美国智力问答节目《危险边缘》(Jeopardy!)的两个冠军选手。因为这两件事情，大家逐渐开始讨论，是否有一天机器人的智慧会超越人类。目前主要有两种观点：一种认为智能机器人将来会代替人类；而彼得·蒂尔则代表了另一种观点，他建议我们要换个角度来看，机器人是人类创造的，它对人类的作用应该始终是辅助性的，而不是一个替代品。为什么这么说呢？虽然电脑能够做类似大量数据处理这种很复杂的事情，但它却不能和人类一样进行很简单的判断。他举了一个很有意思的例子，有段时间谷歌有一个项目叫"谷歌大脑"(Google Brain)，大家可能很熟悉，就是教一个机器人识别一千万张关于人和各种动物的图片，试验了很长时间，最后终于有一天它能够辨认出其中一张猫的图片。可这种事情几乎对于任何一个三四岁的孩子来说都能在几秒之内完成。

我们在看这个实验的时候，要学会从另外一个角度来看它的重要性和价值。作者也从另外一个角度举了更多的例子，其中一个就是关于PayPal，它最开始推出的时候，有很多黑客攻入，其中有一位俄罗斯的黑客经常入侵他们的系统，制造了很多假账，导致他们一直亏钱。一开始他们不断地尝试改进算法，以为这样别人就没办法攻破。可每一次算法升级之后，那个俄罗斯黑客就会用更好的办法来破解。最后他们就采取了一个措施，一个混合式的处理办法：把算法和人为判断结合起来。采用这种混合式的方法时，需要机器首先进行预警，如果有可疑的行为，就需要人为去判断，是不是有黑客在作怪。有了这种改进，他们最后才算扭亏为盈。作者用这个例子来说明，不管算法本身多么高级，人的作用始终是不可替代的。也正因为 PayPal 这种混合式方法特别有效，后来美国政府的 FBI 和 CIA 都来找他们，希望把他们的系统运用到国家安全领域。所以彼得·蒂尔之后成立的软件公司 Palantir 其实是跟美国政府合作，帮助 FBI 和 CIA 追踪恐怖分子，同时监控金融领域的作假情况。他们软件的强大之处就在于它能同时处理来自不同渠道的各种信息并找到最终想要的根本性信息和模式。前几年本·拉登的藏身地就是用他们的软件监测到的，当时媒体在报道中就把他们的软件叫作 Killer App。他们的软件其实还用在很多其他地方，比如华尔街的交易安全，防范网络上的作假，以及疾病的控制、传染病的预警等。这些例子证明了人的作用是不可替代的，不管软件本身有多么强大，不管其数据处理能力和计算能力有多么强大。

彼得·蒂尔也特别提到最近几年讨论很热的大数据（Big Date），他说了一句"大数据，傻数据"，但并没有讽刺的意思。他认为，如果我们只看到数据本身而忘了这个数据的作用是什么，以及该如何来应用，就会陷入为了涨数据而追求数据的思维误区里。他想强调的是，这些数据的不同算法必须要跟人的判断结合起来，不要忘记应该从一个更宏观的角度来看。他认为，人工智能的目的不是代替人类，而是帮助人类超越一些界限，去做很多以前不能完成的任务。技术也是一样，技术的本质应该是在未来减少人类消失的可能性，而不是增加这种可能。

还有一个章节是讲清洁能源，也是我们要分享的第六点，这一章也很有意思。清洁能源是最近几年特别热的一个行业，但最近几年做类似太阳能等清洁能源的公司破产的很多。这是为什么？因为这些清洁能源公司一开始就面临着一系列的问题，也就是作者在书中提出的七个问题。第一个是技术问题，你的技术够不够好，一开始的起点够不够高。大部分太阳能替代的新能源公司起点都不够高，绝对没有 10 倍领先于当下的技术，只能说提高了 20％～30％。所以一开始它就是有问题的。第二个是时机问题，也就是市场是否成熟。很多太阳能公司基本没有市场，在时机不成熟时就开始耗钱了。第三个问题是上文提到的垄断，你是不是从一个很小的市场开始，并且在这个市场里占绝对优势。第四个问题是团队，你得搞清楚，和你一起做这件事情的人是不是对的人。第五个问题是渠道因素，你有没有掌控好的营销渠道。第六个问题是耐久能力，即你的整个模式是不是可持续的。最后一个问题是你有没有别人不可替代的优势，包括别人想不到的以及没有关注到的价值点。

如果我们拿以上这七个问题去衡量大部分的清洁能源公司，你会发现，他们对于大部分问题的答案都是 No，而环保跑车公司特斯拉（Tesla）能够对大部分问题回答 Yes。特斯拉一开始的起点就非常高，从技术上来讲，它的电池技术已经有了 10 倍于当下技术的优势，然后它抓住的时机也非常好，身为该公司 CEO 的埃隆·马斯克（Elon Musk）是一个非常优秀的销售大师，他在 2010 年的时候，就从美国政府获得了 45 亿美元的资助，这就大大降低了公司资金方面的风险。从垄断的角度来看，最开始的时候，特斯拉是从最高端的跑车市场进入的，2008 年的时候大概就卖了 3000 辆，在 2013 年推出了 Model S 后就很快卖掉了 2 万辆，由此可以看到其规模的迅速扩张。特斯拉一开始就在电动汽车领域奠定了其垄断地位，对于富裕的人群来讲，他们更在意自己是否在关注环境的变化，所以特斯拉具有一个高端的社会化品牌形象，这也是埃隆·马斯克做得特别好的地方。

在此还需特别提一下上文讲到的团队问题，埃隆·马斯克对自己和团队的要求是特别高的，对于每一个加入特斯拉的人，他都要求他们的表现像特种部队一样。一定是非常有才能、能够承担责任的人，才会被允许加入他的团队。至于营销渠道，特斯拉所有的商店包括营销渠道都是马斯克自己的，他全部都买下来了。至于核心竞争优势，特斯拉的特别之处就在于它打造的是一个社会化的品牌。

以上就是本文分享的书中六点。其实整本书都是围绕着"未来会是怎么样的"来进行思考的。牛津大学人类未来研究院院长、哲学教授尼克·博斯特罗姆（Nick Bostrom）就此提出过四种可能性：第一种猜测是从历史的角度，他说，经济的发展通常是呈周期性的，一开始繁荣，然后崩溃，然后再开始，像波浪一样往前推进。在现代社会，这种周期性的繁荣和崩溃也会发生，崩溃的发生往往是灾难性的，但是会比较少，而且可以避免。第二种猜测是停滞。有一本书叫《大停滞》，讲的是美国的创新越来越慢，而就全球其他地区来看，欧洲的经济发展也非常缓慢，亚洲和非洲也是一样。如果10年、20年之后没有了突破性的技术会怎么样呢？是不是整个人类的发展都会很滞后？彼得·蒂尔认为这种情况是不太可能的，因为竞争是一直存在的，它一定会推动人们往前走。第三种猜测就是灾难发生，人类会不会消失。例如大规模的杀伤性武器、传染病以及战争，导致人类灾难性的消失。但凭借人类的智慧，这种可能性应该是可以避免的。最后一种猜测是突破，这是彼得·蒂尔最希望出现的，也是很多持乐观态度的人所希望的。他们认为技术的进步会促使人类不断地去突破，从而推动人类社会更快地发展，当然这里面比较极端的一种看法就是前面提到过的"奇点"，作者认为奇点出现的可能性还是很小的。

这几种可能性也给我们带来了一些正面意义的思考，乐观主义的人总是在想第四种可能，需要不断地有新的、突破性技术的出现，这就是从0到1的过程。这个过程要求我们像带领初创公司一样去思考，包括面对自己的生活时，需要不断思考如何使做的事情从0到1，而不只是一个渐进性的、改善性的过程，它必须要在某种价值层面有所突破。这就是这本书的思考点所在。

第四章　成为下一个"苹果"

《疯传》：让你的产品像病毒一样传播

分享作品： 宾夕法尼亚大学沃顿商学院市场营销学教授乔纳·伯杰 (Jonah Berger) 的营销经典——《疯传：让你的产品、思想、行为像病毒一样入侵》(*Contagious：Why Things Catch on*)。

分 享 者： 王颖宁 (Elaine) 博士，毕业于得克萨斯州农工大学 (Texas A&M University) 经济系，加州大学旧金山分校 (University of California, San Francisco, 简称 UCSF) 研究员。国际金融专业本科和硕士毕业后，曾从事投资银行业务两年，之后赴美读博。于 2009 年获得经济学博士学位。现在加州大学旧金山分校从事公共卫生 (Public Health) 经济政策方面的研究。

　　《疯传：让你的产品、思想、行为像病毒一样入侵》(*Contagious：Why Things Catch on*) 是乔纳·伯杰 (Jonah Berger) 所著。他是宾夕法尼亚大学沃顿商学院 (The Wharton School of the University of Pennsylvania) 市场营销学专业的一位年轻教授。伯杰在学术和教学上都获得了诸多荣誉，他在全球顶级学术刊物上发表了大量关于营销学的文章，还被沃顿商学院授予"钢铁教授"（Iron Prof.）称号。

本书主要以案例分析的形式展开，在这之中，作者也做了一些调查，用一些数据来做支撑。他认为，如果你想要让你的产品、思想或者行为像病毒一样传播，就必须具备以下的一个或者几个原则。他一共列出了六个原则：第一，你的东西本身要具有社交货币的特质；第二，你的东西和人们经常想到的事情发生在一起；第三，能引起别人的情绪情感，而这种情绪情感是能够促使大家更愿意来传播你的信息的；第四，要有可见性；第五，要有实用性；第六，最好以故事的形式进行传播，这种方式更吸引人，而且人们会将故事里蕴含的一些信息自动提炼出来，传播效果更好。

本书一共分为六个章节，具体讲述这六个原则。在分析每一个章节之前，我们先来看几个数字。据统计，世界上人均每天约说 1.6 万字，而每小时大概就有 1 亿个对话中会涉及品牌。从这些数字我们可以看出，口碑或者口耳相传实际上是进行传播的一个非常重要的途径。那么，是什么原因能让一个品牌的产品或者服务像病毒一样传播呢？是其品质还是它的价格？伯杰认为与这两个因素是有关系的，但它们绝对不是全部。他举了一个例子：YouTube 网站上的视频是全免费的，不存在价格上的区别，所有视频中 0.33％有 100 万点击率，而有 5％的视频是少于 500 点击率的。超过 100 万点击率的这些视频里有一大部分并不是专业摄影师拍摄的，连视频的品质也不是特别好，但是仍然得到了非常广泛的传播，这是为什么呢？伯杰就想找到这个问题的答案。

伯杰认为，口耳相传是一种非常有效的传播方式，并且大家现在也都意识到了这一点，所以都在强调用户体验。那么为什么口耳相传是一种非常有效的传播方式呢？首先，在口耳相传的过程中，你会掺杂自己的体验，或者朋友的一些亲身经历，而你在传播对象的选择上，是面向一些跟你有联系的人，包括熟人、朋友甚至是更亲密的人，因此对于你说的东西，他们会给予更大的信任，比广告更容易令他们相信。第二，在传播过程中，你说出来的东西并不是事先刻意准备好的，而是因为对方有兴趣，他向你咨询时或是你认为他有可能需要时才说出来的，所以这个人就会变成一个最有效的潜在购买者。这就是口耳相传非常有效的原因。

接着，来看看这本书的具体内容。本书的第一章讲的是社交货币。什么是社交货币呢？对于很多人来说，社交货币还是一个新的词汇。我们知道，货币其实是一种交换中介，我们用货币来交换产品，那么社交货币就是社交中的一种中介，这个中介的承载者是一些话题。如果你的一些产品能够成为社交中的话题，或者说社交中介，那么它就能够像货币一样被广泛接受，快速流通。

什么样的话题在社交中很容易被提起并且成为社交货币呢？根据调查发现，在社交媒体上超过 40％的人都愿意分享自己生活中的一些体验或者经验，并且分享的内容往往都是一些好的，有利于提升自己在他人心中形象的东西，比如有趣的、惊奇的、有利于提高自己地位的东西。举个很简单的例子，你买了一台性价比很高的相机，或者是亚马逊（Amazon）上评价最高的相机，你就会愿意给别人看，但是你不会想要提起你上次旅行时，本来是想订一个有风景的房间，结果所谓的风景却是一个停车场，更不愿意提起，你刚买了一台手提电脑，转眼发现，在另一家商场的标价比你买的价格要便宜很多。总的来说，人们愿意分享的东西是有利于自己形象的积极的东西。

那么用什么样的方法能够使我们的信息、产品或者服务成为社交货币呢？这本书里提到了三个方法。第一个方法就是寻找自身的卓越性，卓越性就是你表现出来的不一样的、有趣的、容易吸引别人注意的地方。

书中开篇就举了一个搅拌机的例子。一个动手能力非常强的美国人自己发明了一种搅拌机，为了推广这个搅拌机，他聘用了一个产品推广人。这个推广人穿着白大褂，像实验室的实验员一样，把高尔夫球杆和其他很难想象的东西放在里面搅，结果瞬间这些东西都被搅拌得非常碎。他把搅拌机搅拌这些东西的过程录了像，放到 YouTube 上，结果这个视频被疯传，产品的销售量也因此增加了很多倍。这其实就是一个寻找自身产品卓越性的过程，即这个搅拌机非常结实，而且搅拌功能很强。

要发现自身的卓越性，第一种方式是打破固有的预期。比如说当人们看到便宜的机票时，会觉得这架飞机上的座位肯定比较小，可能没有小吃，或者小吃种类也非常少。但是坐过此类飞机的人就发现其实完全不是这样，飞机的座位还不错，小吃种类也很多，并且是免费的，饮料种类也非常多，甚至有葡萄酒，并且还能续杯。这种体验就会让人觉得和预期非常不一样，所以就会很乐意传播。

打破固有的预期还有一个经典案例，就是苏珊大妈（Susan Magdalane Boyle）去参加选秀节目。当她站在舞台上以大妈的形象出现的那一刻，大家其实都不以为意。评委问她的梦想是什么，她说是成为歌唱家，大家都觉得不可能。但是当苏珊大妈开口唱第一句的时候，大家都非常惊讶，她完全颠覆所有人对她原有的预期。

要提升自己的卓越性，第二种方式是做一些有争议的或者有神秘感的东西。即便你是生产卫生纸的，你也可以找到自身的卓越性。市面上大部分卫生纸都是白色的，如果你把卫生纸做成黑色，我相信有很多朋友看到后会拍一张照片，然后传到社交网站上。这也是寻找自身卓越性的一个方法。

要让自己的东西成为社交货币，除了寻找卓越性，第二个方法就是要设定一些游戏机制，让人们乐于去玩。只要是游戏，就会有成绩，人们不在乎自己玩得有多好，而是为了去和其他人比较。所以很多人玩游戏后会在社交网站上分享出来，让大家看到这个游戏他玩到几级，或是拿了多少分。而这些人在晒成果或者是一些小成绩的时候，就无意中替你做了很大的宣传，这就是游戏机制。

第三个使自己的产品成为社交货币的方法，就是让用户有一种优越感。不知道大家是否知道本·费奇曼（Ben Fischman），他是两个有名的网站的创始人，他创建的第一个网站是 Smart Bargins，主要卖衣服等商品。这个网站做得很成功，他不经意间发现有一个小分支业务做得特别好，这个分支业务就是忠实客户的俱乐部，俱乐部的成员可以减免运费，还能够看到一些非俱乐部成员看不到的产品，或者享受一些特有的待遇。受到启发后，费奇曼创建了第二个网站，也就是现在很有名的 Ruelala。该网站从最初就开始限制客户，新的客户只有两个途径进入：一个是由原来的客户带入，一个是进行申请，但是申请的时间和程序比较长，并且名额有限，这样的有限性和排他性就会让很多客户产生一种优越感。而且，这个网站卖的产品也非常有意思，它每天上午 11 点新商品上线，3 分钟以后就被全部订光了。我们发现这种排他性和商品的有限性让人们觉得自己是内部人，有一种优越感，就会更愿意主动进行传播，这其实也就是利用人们的一种"显摆"心态。

第二章谈的是诱因，实际上就是利用人们常常会想起和用到的东西。比如当我们遇到反常天气的时候，就会想到是全球变暖导致的；当我们出去玩要坐火车的时候就会不自觉联想到吃方便面。这就是一种联系，看到什么想到什么。又比如，人们常常说到狗就会想到猫，而在美国，人们通常看到花生就会想到花生酱。有些超市就利用诱因原理来刺激葡萄酒的销售，比如在超市里播放法国音乐，法国葡萄酒的销售量就会明显上升。有些人为了促使孩子们吃得更健康，就在食堂的墙壁上写一些口号，但这个方法可能效果不大。那什么样的方式最能刺激孩子吃更健康的食物呢？人们发现最有效的东西是托盘，人们买食物之前会先拿托盘，一看托盘上写着"让你吃得更健康"，在挑选食物的时候就会自然而然受到影响。

因此，成为有效的诱因必须具有两个因素：第一个要看是否会被经常提起，第二个是有效。比如提到红色，你会想到很多东西，那么红色就不是非常有效的诱因，所以原创的诱因会比非原创的更有效。有一个案例，是讲美国一个很受欢迎的能量棒品牌，他们的经理发现人们吃能量棒的时候经常会搭配热饮，怎样才能让人们一喝热饮就想起能量棒呢？在美国最常见的热饮就是咖啡了，所以他就拍了一个广告把咖啡和能量棒联系在一起。人们一喝咖啡，就会顺手拿起一个能量棒。

还有一个成为有效诱因的方法，就是要使你想引导的行为能够就近发生。比如说一个非常有名的浴室防滑垫广告，广告中的明星走到浴室后才说起防滑垫。很多观众看了这个广告以后，每次洗澡的时候都觉得应该买一个，但是这样的购买行为是不可能就近发生的，因为已经要去洗澡了，不可能又穿上衣服跑去买这个防滑垫，所以每次想起来的时候，都不可能马上去买，而等洗完澡去超市的时候，又多半会忘了买。这个广告里就没有找到一个有效的诱因，即使别人洗澡的时候能想到，但是不能马上引起购买行为就不会有很好的效果。

第三章是讲情绪和情感。伯杰发现有一些情绪能够使传播的概率大大增加，比如"哇"，它是一种正面的情绪，表示惊讶或者惊艳的感觉，作者发现如果可以引起人"哇"的情绪，传播的概率就会增加 30%。什么样的情绪更容易引起人们下一步的行为，帮助传播信息，或者宣传产品和服务呢？作者发现，正面的情绪比如兴奋或惊喜是有利于传播的，那么是不是负面的情绪就不行呢？其实有一些负面情绪也是有利于传播的，比如愤怒、焦虑，但是有一些负面的情绪就不行了，比如当人们非常悲哀、非常伤心的时候，一般是把自己关在家里面，然后蜷在沙发里，什么都不想干，这种情绪一般是不会让人产生下一个动作的。当然，也不是所有积极的情绪都可以让人们产生下一步动作，比如说很满足、很饱足的情绪。一般人吃饱以后就会很懒，什么都不想干，如果你的信息传递的是这种情绪的话，人们也不会去传播。那么到底什么样的情绪有利于传播呢？实际上作者发现不管是正面还是负面的,只要是能够产生高度唤醒的情绪,就会有利于产品的传播,但是如果产生的情绪是一种低度唤醒,就不利于传播。

第四章谈的是为了让你的产品得到更广泛的传播,你必须让人看得见,可见性有利于提高宣传度。可见性实际上基于一个非常朴素的原理,就是猴子看见了某个动作就会去模仿,我们人类也是这样的。举个很简单的例子,比如说我们出差去了某一个不是很熟悉的城市,想要吃饭的时候懒得上网去查,就想直接在宾馆的附近找一家餐馆,那么我们肯定会找一家人气比较旺的饭馆。而进了餐厅以后,因为我们对菜单也不熟悉,就会询问服务人员什么菜比较好,点的人比较多。这实际上就是跟随了大众的选择,认为大家都选择了就不会错,我们更愿意去模仿其他人的选择。

这个原则其实乔布斯用得特别好。当时他在设计苹果手提电脑盖板上的苹果标志时就在想,应该让坐在电脑对面的人看到正的还是反的苹果标志呢?最终他选择了正向的标志,也就是说当手提电脑的盖板支起来的时候,对面的人会看到一个正向的标志。很多人在咖啡店用电脑,大家就可以看见电脑上的标志。而这个标志实际上就是给外人看的,你看到大家都在用苹果电脑,当你想购买电脑时,第一个就会想到苹果。

还有一个典型案例,就是讲怎样提高可见性。首先就是把个人的行为或者很隐私的行为公开化,比如博客或者网站上很多人晒自己买了什么东西,或者是干什么事业,会把自己很个人的行为公之于众。当有些博主经常在博客发布购买体验的时候,商家就会注意到他。如果这个人有很多粉丝,商家就会利用博客的平台和他签订返点的协议。当他推荐一个产品后,如果很多人通过这个链接到了产品的主页并且产生了购买行为的话,博主就能够拿到返点,这实际上就是利用个人的行为公开化然后增加可见性,产生了行为剩余(即指在一个主要行为的基础上,产生其他附带效应)。

比如说兰斯·阿姆斯特朗(Lance Edward Armstrong),这个有名的自行车赛车手前一阵被曝出是因为服用兴奋剂才创造了一系列的奇迹。但是在当时，他确实是一个很鼓舞人心的人物，他得了癌症后还连续赢得了很多比赛。兰斯·阿姆斯特朗有一个基金会，人们去他的基金会捐款实际上是一个私人的行为，但是他会给每个捐款的人发一个黄色的手环，这个手环很亮眼，男女都可以戴，当这些人将手环戴在手上的时候，别人自然就知道了这个基金会，这也是一种行为剩余。

还有一个最普遍的行为剩余的例子：每当我们去买衣服时，商家都会给我们一个本品牌的纸袋子，是可以重复使用的，实际上这也是一种行为剩余，因为我们在用这个袋子装东西或者买东西的时候，就是帮他们做了宣传。

第五章讲的是实用性。实用性的东西更容易被人宣传，比如说健康类的、教育类的，还有食物。和体育类的东西相比，食物就更容易被宣传，所以有用的东西是可以增加传播率的。调查发现，如果这一信息是有用的，它可以增加大概 30％ 的传播概率，而有趣的东西增加传播的概率是 25％。

最后一章是以讲故事的形式进行传播。作者认为如果你的信息是用故事的方式讲出来的，那么它会被更有效地传播开来。因为故事有情节，会使别人想要听下去，而暗含在故事里的你想要传达的信息，则会被听众自己提炼出来，这是一种更有效的传播方式，比你直接说出来要有效得多。说到讲故事，在美国，你会不会讲故事，其实很大程度上决定了你在职业上的发展和顺利程度。如果你是一个会讲故事的人，那么你必然就很会做演讲，不管你是在推荐产品、行为、思想、研究成果或者服务，你都会给别人留下很深的印象，别人也愿意帮你传播。所以讲故事的能力其实是非常厉害的。

不管你是做营销的人，还是学生，不管你是做研究的，还是新兴公司的创业人员，这本《疯传：让你的产品、思想、行为像病毒一样入侵》都值得你一读。作者通过找出信息传播背后的原因或者是可以遵循的规则，来让你的产品、思想、行为可以像病毒一样入侵，进而给别人留下深刻的印象。

《至爱品牌》：如何获得用户的非理性忠诚

分享作品：《至爱品牌》(*Lovemarks*: *The Future Beyond Brands*)，全球最大、最成功的创意公司之一盛世长城国际广告有限公司 (Saatchi & Saatchi) 的全球首席执行官凯文·罗伯茨 (Kevin Roberts) 所著。它将给所有(即使是经验最丰富的)营销人员提供新的打造品牌的思考途径。

分享者：Sophia He，明思力集团资深客户经理。其负责客户包括百事可乐 (Pepsi-Cola)、联合利华 (Unilever)、拜尔斯道夫 (Beiersdorf A G)等国际快消公司旗下多个知名品牌的线上线下及数字营销。Sophia He 非常关注市场营销、品牌管理、广告、奢侈品管理等领域，爱好当代艺术及古典音乐。

《至爱品牌》(*Lovemarks*: *The Future Beyond Brands*)由凯文·罗伯茨 (Kevin Roberts)所著。这本书在 2005 年 4 月出版，到现在已经超过 10 年了，

但书中所讲述的一些关于品牌的道理仍经久不衰，且历久弥新。如今市场竞争的强度和维度日渐升级，很多知名品牌都面临着巨大危机，此书就显得更为经典。

　　这本书最大的价值在哪里？它不仅是一个顶级广告人对数十年如何打造令人热爱的品牌的实战经验的深度总结，在每一章的最后，更有一些便于实践的具体指导步骤，教你如何去实践。它不仅适合对品牌、对市场营销感兴趣的人，同时也非常适合那些希望把自己的产品打造得与众不同的企业家来阅读。虽然凯文·罗伯茨基本上是为世界五百强中的一些全球知名企业服务，但书中所述内容同样适合初创企业的人士。它教你如何去识别那些令人着迷的至爱品牌，并且从它们的身上学到创造属于你自己的至爱品爱所需的一切元素。

　　凯文·罗伯茨在《至爱品牌》一书中，首先告诉你品牌为什么会失效，品牌失效之后又将会出现什么，接着对比至爱品牌和一般品牌的本质区别，并揭示一个至爱品牌所应具备的要素，最后用既实际又具有指导意义的提示，手把手教你打造至爱品牌。

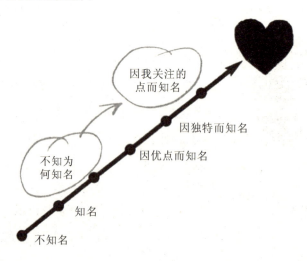

那么,第一个问题就是:品牌为什么会失效?这个问题可以分为四个部分来解答。

第一,当我们拿到的品牌手册越来越厚、越来越详细的时候,当我们只关注前台的鲜花摆放方式是不是符合品牌指南上规定的时候,就说明我们关注的方式、方向已经错了。因为消费者才应该是我们关注的对象。

第二,现在的品牌已经不再神秘了,相反的,出现更多的是一种反品牌的情绪。在我们做品牌的过程中,会发现消费者变得更精明了,他们知道品牌是怎样发挥作用并来操纵他们的。因此,现在的消费者对品牌、对广告都抱有一种本能的抵抗情绪。

第三,很多品牌对新一代的年轻消费者并不敏感,更不知道该如何赢得他们的心。可是,要知道得年轻人者得天下。比如某定型产品,虽然现在暂时拥有行业领先的市场占有率,但我们发现,它所有的消费者都是三四十岁以上的中老年人,年轻人基本上没有办法接触到这个品牌。原因在于这个品牌没有去尝试理解和接触新的消费者,比如它还在大量投放传统的线上广告,而不是利用互联网的力量、互联网的玩法去接触80后、90后的消费者。它本身的市场营销理念也还停留在几年前甚至十几年前,比如该品牌认为"酒香不怕巷子深",它沉迷于对配方对质量的要求,却忽视了新生代消费群体的审美、品位,以及消费理念和消费习惯。

最后一点,许多品牌已经被谨小慎微给扼杀了。我们发现,很多公司已经从大无畏的状态变成谨小慎微。比如一个知名洗发水品牌,它为很多30岁以上的消费者所熟悉。但在它筹划的一系列电视广告中,我们发现该品牌只针对它已有的消费群体,在他们的策划中,人际关系优先级中父母是首位,接着分别是子女、配偶、闺蜜、同事。因此在他们的电视广告里会出现大量的家庭元素,以此来吸引顾客,但该品牌却从未想过这条看似逻辑清晰的价值链背后潜在的欲望和需求。

综上所述，现在很多的品牌虽然做得很大，但是其实已经在做大的过程中迷失了自己，它们不敢冒险，更不知道怎么让自己变得有魅力，最终导致品牌很快失效了。

既然品牌失效了，之后将会出现什么？我们用两条坐标轴——X轴是爱，Y轴是尊重——来区分至爱品牌、普通品牌、产品和一时流行的狂热之间的区别。我们都希望自己能够站到至爱品牌的象限，但用什么样的方式能够让我们站到这一象限呢？

神经科学家唐纳德·卡尔那提出：情感和理智之间的基本区别是情感导致行动，而理智导致推论。这句话非常吸引人。试想一下，虽然我们平时做决策，特别是在做营销决策的时候，靠的是数据或小组讨论。但其实我们会发现，当人真正在做决定的时候，是你的情感在指引你，所以超越品牌的其实是消费者对这个品牌的情感。

那么问题又来了，情感有哪些类别？我们把情感分成两个大类：第一大类是主要情感，这些情感非常短暂、强烈而且不受控制，比如说欢乐、忧伤、愤怒、恐惧、惊讶等等。还有一种情感叫作次级情感，它的可控性和重要性会更让我们深思,比如说爱、内疚、羞耻、骄傲、羡慕、嫉妒等等。我们在做品牌的过程中要非常认真地去思考,能不能对这些情感有所利用。

在可控的情感里,出现的第一个也是最重要的情感叫爱。首先,我们先来定义一下什么是爱。有一句很流行的话是:爱就是比喜欢多一点。那么爱真的是这样的吗?其实不然。爱的确意味着超越喜欢的情感,但它并不是在原有喜欢的情感上再加一点点,而是意味着一种深深的投入。因此在看做广告创意的人如何去定义爱的过程中,你会发现这并不像在说一个品牌,也不像在说市场营销,反而更像是在说你爱的那个人,而那个人可能是你的男朋友,也可能是你的家。

其次,爱意味着回应,意味着细微,意味着本能地去感受。爱是一种双向的行为。另外,除了甜蜜浪漫的爱情,爱还有相濡以沫的夫妻之情、家人之爱、亲密朋友之爱等全然不同的关系。这些爱组成了我们对爱的体验。在广告行业有一个非常好玩的一个现象叫作猴子脑袋:我们发现在猴子的脑袋里只有三样东西:一个是性,一个是资源,还有一个是地位。当猴子看到这三样东西中任何一样的化身时,并不是由它的理智去做反应,而是由它的身体本能地做出反应。

和猴子类似的人也一样具有这种本能。所以我们会发现在传播的过程中,只要跟性、资源和地位相关的内容,就具有天然的传播性。但是很多的品牌具有天然的限制性,比如说像一些教育类的品牌,它就没有办法利用性来传播。不过还好,我们还有"爱",很多不同形式的"爱"。

相比猴子大脑里的三样东西,罗伯茨这本书告诉我们关于性,更加宽泛的定义可以是爱,而且爱其实除了我们所说的爱情之外,还有夫妻之情、家人之爱、亲密朋友之爱等等。这些情感的元素,都是我们在做市场营销时能够利用的。而这些对爱的解读,就相当于心法。

接着再来看看至爱品牌和普通品牌之间到底有怎样的区别?现在我们

知道品牌失效了，超越品牌的是一种叫作至爱品牌的东西，那么至爱品牌跟普通品牌有什么不同，到底是什么东西使这些至爱品牌与受众之间产生了特殊的情感共鸣？书中告诉我们至爱品牌具有三个特征，分别是神秘感、感官享受和亲密度。这三个特征正是至爱品牌的三个评价维度。我们在大量的实践中发现，三个评价维度中很多品牌只做到了 60 分，而 60 分消费者是不买账的，并且一旦有人做到 80 分的时候，60 分的品牌就会被消费者果断地抛弃。

一般品牌	至爱品牌
信息	关系
被客户熟知	受大众喜爱
通用	个性
展现内容	讲述故事
质量保证	感官享受
象征性	标志性
明确定义	潜移默化
声明	故事
特征明确	朦胧神秘
价值	精神
专业性	创新性
广告公司	创意公司

神秘感、感官享受和亲密度这三个维度的元素分别包括以下内容。

神秘感：动人的故事，过去、现在和未来，触动梦想，神话与象征物，灵感。

感官享受：声音、画面、气味、触觉、味道。

亲密度：投入、共鸣、激情。

在此仅以神秘感为例，做简单讨论：

神秘感打开了人的情感之门，加强了关系和体验的复杂性。神秘感靠着故事情节、比喻和象征性人物，使关系具有了自己的质感。神秘感是产生非理性的爱的关键。比如小飞侠彼得·潘（Peter Pan）、玛丽莲·梦露（Marilyn

Monroe)、指环王(The Lord of the Rings)、香奈儿5号(Chanel N°5)等等。

那么,如何制造神秘感呢?

第一,讲述故事。我们用故事给自己解释这个世界,用故事赋予我们所热爱的实物以价值。拿内容和故事相比,内容这个字眼令人沮丧,没有观点,没有活力。通用的物品,通用的标签,是商品化忠实的一员。但故事却具有巨大的商业价值,因为它们关注的方向正确,它们关注的是人。讲故事不可能没有人物、情感、感悟和细节,就连鸡过马路的笑话都有情节,因此故事引起我们注意的速度能够甩那些精心编写的公司年报好几条街。

第二,一幅画可以抵上千言万语,但是动人的故事不言自明。

第三,精彩的故事不怕重复。神话或传奇为什么能流芳百世、长盛不衰?因为总有没听过的人准备听这个故事。例如詹姆斯·邦德(James Bond)系列,这个总是与全球"头号犯罪分子"作对的英国人几十年间一直在我们眼前。

除了心法之外,罗伯茨还在每一个章节的最后,教给我们一系列的招式。比如,谈到如何打造至爱品牌时,他提到,想要成为至爱品牌你得培养自己倾听的能力,学会挖掘故事,培养从消费者的经验中获取故事的手段:

第一,努力做到100分而不是停留在60分。

第二,搜集关于自己品牌的,那些人们一直想知道但害怕知道的问题,将这些问题放进你后面四周的工作安排。

第三,你愿意怎么告诉消费者,你个人有多热爱自己的品牌,如果你认为他们不会在乎,请仔细检查自己和他们说话的方式以及内容。

第四,请非本行业的朋友描述你的品牌,如果他们说不出来,你就得努力了。

第五,从人们对竞争对手的描述中列出你希望是对你的描述的清单。从这里开始,让自己去努力获得那些赞美。

　　最后，分享一个关于如何检验消费者是否爱你的品牌的办法。我们都知道，汉堡王(Burger King)是一个历史悠久的品牌。它面临的挑战是，大家都觉得这是一个老的品牌，再也没有什么吸引人的地方。它曾经做过一则非常成功的广告，叫"迷恋皇堡"(Whopper Freak out)。汉堡王拍了一系列的视频，看消费者在汉堡王点餐却被告知买不到汉堡之后的表情。看消费者在这个品牌消失之后会有什么样的感觉，是像一个失恋的少女般惴惴不安，还是像打死了一只苍蝇一样不为所动？这其实就是我们在识别至爱品牌时用的办法。

《紫牛》： 从产品开始就把对手甩在身后

分享作品：美国最犀利的营销大师、前雅虎营销副总裁赛斯·高汀（Seth
Godin）的经典之作——《紫牛：从默默无闻到与众不同》（新
版）（*Purple Cow*）。

分 享 者：陈军，互联网转型咨询师；曾任腾讯高级项目经理，腾讯资深
讲师，腾讯敏捷教练；深圳敏捷部落创始人。项目管理专业人

员（Project Management Professional，简称 PMP），认证的敏捷
项目管理专家（Certified Scrum Master，简称 CSM），神经语言
程序学（Neuro-Linguistic Programming，简称 NLP）认证教练。

　　《紫牛：从默默无闻到与众不同》（新版）（*Purple Cow*），是美国最犀利
的营销大师、前雅虎（Yahoo!）营销副总裁赛斯·高汀（Seth Godin）的经典
之作。在本书中，赛斯·高汀通过上百则"自己会说故事"的产品案例详细
阐述了"紫牛"（Purple Cow）这个新的市场营销法则的理念——唯有让产品

成为本行业中的紫牛，做到与众不同、出类拔萃，才有可能在不消耗大成本的广告运作下使企业扩大市场规模。

高汀在书的开篇就讲到他觉得现在市场营销人员的 5P 原则（注：5P 原则是指价格策略（Price）、渠道策略（Place）、促销策略（Promotion）、包装策略（Package）和产品策略（Product））已经远远不够了，所以他提出了自己的观点，需要一个新的原则，那就是紫牛。

作者先是讲述了紫牛的来历：几年前，高汀和家人驱车穿越法国，在这个奇妙的旅途中，他们看到了一群又一群好像从童话里出来的奶牛，非常漂亮。但是在 20 分钟之后，他们就开始对这些奶牛熟视无睹了，因为新的奶牛和之前的一模一样。他想，假如在这个时候，出现一头紫色的牛的话，眼前一定会为之一亮。因此高汀就提出了自己的一个观点：停止广告，开始自己的营销创新。随后，他在书中分析了广告营销的现状，又紧接着阐述了为什么需要紫牛。

我们可以将广告时代分成三个阶段：第一阶段是前广告时代，就是指最开始的口碑，那时是靠大家的口口相传。第二阶段是广告时代，指电视和其他类型的大众媒体。最后一个阶段是后广告时代。此时人们对广告的认识又回到了原点，但与前广告时代不同的是，这个时候是利用一些技术手段来口口相传的，比原来前广告时代的传播更快。

接着高汀引用了鸿沟理论来说明现在的广告营销正在发生变革。当下的消费困境是人们的选择越来越多，但时间越来越少。高汀借用了前美国专利及商标局（United States Patent and Trademark Office，简称 PTO 或 USPTO）局长的一句话："消费者会告诉你，你能够想象到的每一样东西现在我都有了。"确实，现在的广告效果没有原来的那么明显了。例如，三精制药在 2013 年投入的广告费用是 4.31 亿元，但是它的纯利润只有 600 多万元。由此可以发现，现在大众广告市场已经比原来的差很多，所以我们需要一头紫牛。

分析了广告营销的现状以后,高汀开始讲述许多有趣的案例,再通过案例来引出紫牛法则。

他举的第一个案例是快速电梯的秘密。一般我们乘坐电梯,如果人比较多的话,就会等很久。针对这个问题,高汀在书中讲到是迅达电器公司的解决方案,它是通过智能的分配来解决的,比如说同样都是到达12层的人,可能就会被分配到同一个电梯里面。通过这样一个小小的改变,就彻底缩短了人们等待的时间,并且还给房产商省了一大笔开支。通过这个案例,高汀推出了一个紫牛法则——与其希望通过改进技术来使产品更符合消费者的消费习惯,不如通过改变消费者的行为习惯来使产品取得更好的效果。

同样的,这个法则也适用于苹果公司,因为苹果公司总是引领潮流,而不是跟随潮流。苹果在推出产品的时候,打了一个口号,说它是一种生活方式,而它现在的确也改变了人们的生活方式。在这本书里还有一个很有意思的观点,就是高汀把这种创意理念称作创意病毒,把传播这些创意的人称作"喷嚏者",那么这些"喷嚏者"的来源是哪里呢?

根据鸿沟理论,消费者被分成了几部分。高汀觉得,这些"喷嚏者",应该属于早期的接受者(early adopter)。在当今这样一个产品爆发的时代里,首先我们需要有这样的创意病毒,其次我们需要找到这样的"喷嚏者",接着再将这些创意病毒传播出去。通过这样的分析,高汀又给出了他的紫牛法则,即有些产品能大红大紫,有些却默默无闻,这并不是偶然,因为创意病毒的发作通常是所有病毒元素同时起作用的结果。那么怎样才能轻松而快速地传播你的理念呢?哪些"喷嚏者"才会将产品告诉周围的亲朋好友?你所确定的目标客户群彼此之间有多紧密?他们会经常沟通吗?他们相互信任吗?最有可能帮你传播创意的人他的声誉如何?你将如何保持创意持久?你是否能一直引领市场?当你准备向市场投入新产品时,请回答以上的问题，你将会发现这些新产品中哪些可以大红大紫，值得继续研发，并推向市场。

另外还有一个很有意思的案例，是讲高汀家附近的一个哈根达斯（Hagen-Dazs）专卖店。这家专卖店从外表上来看跟其他的冰激凌店非常相似，但是这家店的中央竖着一个巨大的名片，上面写着这家店店长的名字和办公室电话，并且下面还写了一句：如果你对我们有任何意见，欢迎致电，并希望你能不吝赐教。这一招非常与众不同，每个到过这家店的人都会注意到这个名片，并且只要你在店里待上20分钟，就一定会听到有顾客在向其他人提起这个名片。

由此，高汀就推出了他的又一个紫牛法则，如果你从事无形的服务业，名片会是你生意中很重要的一部分。假如你的公司多准备一张名片，情况又会变成什么样？

在过去的企业中，通常是工程师负责发明创造，工人负责制造，市场部负责推广，营销部负责销售，总裁负责管理整个公司。营销人员从公司申请到广告预算，然后再着手购买广告时段或版面，过去的这种市场推广行为，我们叫作广告行为。但是在新的销售理念里，这种传统的观念被认为已经落伍了。营销被赋予了更多的含义，包括产品发明能力、设计构思、制造工艺、定价艺术以及销售的技巧。捷南航空公司的执行总裁在上任的第一天做的第一个规定，就是营销经理必须参与产品设计和实验，这意味着他们做的每一件事都增加了市场价值。

在这里高汀又推出了他的紫牛法则：让营销人员去上设计课，让设计师去上营销课，然后两个人都去生产车间待上一个礼拜。这个观点其实有一点像我们现在互联网思维提倡的人人都是产品经理。不管你是做开发的，还是做测试的，抑或是做市场的，都需要有产品的思维，这样才能把你的产品做得更好。

　　紫牛理论不但可以用于产品的营销，还可以用于个人的营销。你可以运用这一理论来寻找工作，因为大家发现，现在网上的简历都是一模一样的，并没什么创新，所以你可以尝试利用紫牛理论来帮你找到工作。首先你需要出色的工作经历，其次你还需要一些"喷嚏者"来帮你树立自己的品牌。一旦你有转换工作的机会，这些"喷嚏者"就会极力地推荐你。比如现在有一个咨询师就在用这样的理论来树立自己的品牌。他每次做公开课的时候，都会邀请一些非常特别的人，也就是所谓的"喷嚏者"，来免费参加他的公开课，这样的话他会很容易得到这些"喷嚏者"的传播，他的品牌也会随之树立起来了。

　　想知道如何从市场上成千上万只"黑白牛"中脱颖而出，成为受众人瞩目的"紫牛"，那就读读这本《紫牛：从默默无闻到与众不同》吧！它用最直接的方式告诉你，如何让你的产品与众不同，让你不再有卖不出去的产品。

第五章　预见未来 10 年的商业趋势

《即将到来的场景时代》： 继大数据之后的 下一个科技趋势

分享作品：科技大神罗伯特·斯考伯与谢尔·伊斯雷尔的最新作品《即将到来的场景时代》(*Age of Context*)。

分 享 者：梁海燕(Helen Liang)博士，硅谷连续创业者，UstartX 加速器创始人和 CEO，天使投资人，清华 x-lab 导师，创业读书分享类公众号"千读"创始人。曾在希捷科技(Seagate Technology)任高级工程师和产品经理，也曾应邀在清华大学、复旦大学、中欧商学院举办讲座。博士毕业于美国威斯康星大学麦迪逊分校(University of Wisconsin-Madison)。

　　《即将到来的场景时代》(*Age of Context*)主要描述了未来 5 年到 10 年间，会产生重大影响、改变我们生活的科技五力。这本书的作者是两位在美国科技界很知名的科技作者：一位是罗伯特·斯科布(Robert Scoble)，我们这个时代最好的科技记者之一；另一位是谢尔·伊斯雷尔(Shel Israel)，《商

业周刊》等一线媒体的专栏作家。两位一直专注于报道最前沿的科技成果，《即将到来的场景时代》已经是他们合著的第三本书了。

这本书要说的科技五力是哪五力呢？第一力是我们熟悉的移动设备，第二力是社交媒体，第三力是大数据，第四力是传感器，最后一力是定位系统(Location-based Service，简称 LBS)。这五力的结合催生出了全新的个性化科技——一种比我们最亲密的朋友更了解我们的科技力量，也由此把我们带入一个全新的时代：场景时代。

在场景时代，我们的个人设备变得个性化、智能化，它们会因为昨夜下过雪而提早把我们叫醒，并提醒我们将要会见的客户我们可能会迟到。它们可以预测出我们需要什么，像管家或助理那样服务我们。那么，这一切意味着什么？未来又会是什么样子？在这篇文章里，我会就这本书里的几个亮点，描绘三个不同的未来场景。

第一个场景，设想一下我们将要出差，比如说从北京出差到波士顿，通常大家会想到在哈佛广场附近订一家酒店，然后想想到了之后去哪里吃晚餐，也许第二天还想去看一场波士顿红袜队的比赛，所有活动需要我们自己一步步计划。但是想一想 5 年、10 年之后，那个时候出差的情景是什么样的呢？

回想过去的 20 年，从小看着《星球大战》和《星际迷航》长大的这一代人会发现，《星球大战》里描述的很多"神器"都变成了现实，比如我们今天谈论的智能汽车，再比如可以用来当作手机用的智能手表。

回到我们刚才说的出差场景，也许 10 年之后，当你出差到波士顿，你不再需要购买飞机票，只要有一个关于你身份的认证就可以了，于是，在线比价、购票的过程就被省略了。当你到达机场之后，你不再需要亲自去租车公司开车，一辆自动驾驶汽车已经在机场外面等你了，这辆车会把你送到酒店。到了酒店之后，你不需要去拿房卡，用你的指纹或者声音就能办理入住，你想要去的餐馆已经预订好，红袜队棒球赛的门票也已经放在了你房间的桌上。酒店还根据你的喜好，为你推荐了附近的美食，甚至可能还给你准备好了你出门忘带的换洗袜子。

今天我们接受的服务可能分为很多类别，有贵宾服务、标准服务等等。但在未来，我觉得每一个人享受的都是贵宾服务。这是我们想象出来的未来场景，为什么我们会有这样的预期呢？这跟我们之前讲的科技五力有关系。

关于科技五力，我想先跟大家分享一些数据。第一力，移动设备。2014年，全球手机数量已经超过了地球的总人口数。在未来 3 年内，可穿戴设备的数量也至少会翻 5 倍。现如今，年轻人平均每 5 分钟就会查看一次智能手机，移动应用的数量也在快速增长当中，目前已经超过了 200 万个。

对于社交媒体（第二力）和大数据（第三力）大家可能已经比较熟悉了，在此我不多讲。我们来讲讲第四力，传感器。在国际消费电子展上，我们可以看到很多传感器，比如我们熟悉的机器人。今天的机器人可以帮你拿啤酒，可以陪你下国际象棋，甚至可以陪你聊天解闷。我们看到很多传感器的应用在快速发展。这五力当中，在未来五年发展特别快的会是传感器的应用，尤其是传感器的应用跟本地化服务的结合。

对于场景时代，我们需要特别注意的一点就是，大家还不是很肯定它到底跟我们有没有关系。就拿谷歌眼镜来说，这两年来谷歌眼镜受到很广泛的关注，但是除极客（geek）之外的大部分人可能会想：这个东西跟我有关系吗？我为什么要关注它？我真的需要一副智能眼镜吗？关于谷歌眼镜有一个很有趣的故事，其实在 10 年前，美国很多大学的实验室里就有谷歌眼镜的原型了。有一位早期研究者叫史蒂夫·曼（Steve Mann），他是加拿大的一位教授，早在几年前他就戴过一副自己制作的智能眼镜去麦当劳就餐，结果麦当劳的工作人员无法忍受，把他从麦当劳赶了出去。

可是到了今天，谷歌眼镜已经成为一种时尚，大家可以看到它的新产品发布通常是跟时尚秀结合在一起的。如果认为谷歌眼镜的普及还很遥远的话，那么不妨想一想 10 年以前、20 年以前的第一代手机——大哥大，从大哥大到现在又薄又小的智能手机，手机的演变非常之快。这么一想，我们也许就不会觉得谷歌眼镜的普及是件很遥远的事情了。

在谷歌眼镜里就有很多种传感器，包括定位传感器、语音传感器等。谷歌眼镜非常重要的几个传感功能就是语音识别、手势识别，以及对佩戴者眼球移动的识别。大家可能已经知道，谷歌还推出了可以放在隐形眼镜里的传感器，这种传感器可以通过检测体液来监测糖尿病患者的血糖浓度，患者们从此不需要再扎手指了。

关于谷歌眼镜，还有一个被大家广泛关注的应用，那就是脑电图监测。在未来，谷歌眼镜对于我们来说意味着什么？ 其中就有一种预测，说它会变成我们的私人助手，它会知道我们的喜好、我们的需求，我们接下来想做什么。可以想象，有一天当你戴着谷歌眼镜（或者任何其他智能眼镜），你饿了，它会帮你订餐；你要旅行，它会帮你订票，帮你把所有的手续搞定；你需要看医生，它会提醒你；当你有情绪变化的时候，它会根据你的情绪需求，放首歌曲，或是讲些笑话，这些都是我们可以想象的未来谷歌眼镜的应用场景。相信在未来，当谷歌眼镜的价格降到 200~300 美元时，它会在大众市场被广泛接受。

第二个场景是让情景融入我们的生活。关于这个场景，我想从近几年美国的一个运动讲起，那就是"量化自我"（Quantified Self）。它是什么呢？就是美国年轻一代开始热衷于测量自己的数据。如今，可穿戴设备让很多自我数据都可以进行量化，比如我们今天说的很多智能手环可以监测心率、运动和睡眠。对智能手环感兴趣的朋友会知道，不少公司这两年已经推出了一系列智能手环产品，比如 Nike＋FuelBand、Jawbone、Fitbit。我在北京的朋友也请我帮他们代购，由此可见一种新的生活方式正在开启：大家想要知道，自己的健康自己能不能做主。

关于可穿戴电子设备，我还见过两个更有趣的例子。在国际消费电子展上，我看到了智能牙刷。很多人会忽视牙齿和口腔健康，智能牙刷就会帮助每个人了解自己的刷牙习惯，提醒你有哪些部位需要注意，哪些不好的习惯需要纠正。还有一种美国医疗界目前正在推广的智能药丸，它能帮助医生查询这个药病人到底有没有吃进去。美国每年的医疗保险当中，有很多药是医生开了以后病人没有吃的，这会引起病症的拖延，也会造成医疗方面的高额费用。

说到让情景融入生活，还有一种尚处在早期研发阶段的技术近来受到广泛关注，那就是 Fiber Array Skin Test，直译为"光纤阵列皮肤检测"。这种技术是用来做癌症早期诊断的，可以在两分钟之内，从大概 5000 万个细胞里找到两个癌细胞。其实对于量化自我的每一个个体来说，有越来越多的科技应用会让我们了解自己的健康状况，管理自己的健康，并知道在场景时代中我们能够做什么。

最后一个我想提的场景是智能家居。智能家居在国际电子消费展上也受到广泛关注，这里面很大一部分应用是跟机器人有关系的。正如前文所述，机器人可以成为你的个人助手，也可以成为管家，你去上班之后它会整理房间、打扫卫生，你在家闲着无聊时，它可以陪你下象棋，也可以在你看球赛的时候帮你拿啤酒，还可以提醒你每一天要做的事情。

关于智能家居，我们比较熟悉的场景可能是我们今天可以通过手机应用控制家里的电器，比如检查灯有没有关，以及卧床时不需要起身就能把电视和其他电子设备关掉。此外，越来越多的智能家居会联结起来，这就是我们常说的物联网，在以后，很多遥控功能或许都可以通过手机实现。

有一个广为流传的视频叫 *A Day Made of Glasses*，推荐大家去看一下。它介绍的是我们 10 年之后的生活，尤其是一个充满智能家居的未来大概是个什么样。

文章的最后，提一个大家都会有的疑惑，那就是当我们生活在这样一个场景时代，当大数据盯着我们的一举一动，我们的个人隐私怎么来管理，怎么来平衡。目前科技圈对这个问题还是保持乐观的态度，认为虽然科技有不利的一面，但我们要看到，如果你周围的情景了解你更多，那么你就能得到更好的服务。

《蓝色经济》： 未来 10 年的 100 个创新机会

分享作品：《蓝色经济》(*The Blue Economy*)，世界知名经济学家、"蓝色经济学"创始人冈特·鲍利(Gunter Pauli)所著。

分享者 1：吴一明，连续创业者，现任奇点金融 CEO，常驻北京。一明为硅谷的 Y Combinator 孵化器的校友，获麻省理工学院硕士学位、华中科技大学学士学位。

　　蓝色经济是区别于传统的红色经济和绿色经济的另一种新的经济形态。传统的红色经济高污染、高能耗，有一些传统的行业就属于这个大类别，例如制造行业、化工行业。而绿色经济指的就是我们通常所说的低碳节能环保型经济，这类经济一方面打着绿色旗号，但另一方面，比如太阳能和风能，它们在前期往往是高能量投入式和高污染产出式的。

蓝色经济其实就是利用了整个生态产业链与大自然之间的循环。在蓝色经济这个概念当中，每个公司内部或者公司和公司之间，会形成一个隶属于大自然的小生态圈。所谓"大自然小生态"的意思就是说，在自然界里面其实是没有绝对的废弃物的。每一条生物链所遗留下来的残渣或者废弃物都可以作为另一条产业链的原材料，这就是蓝色经济的核心理念。

无论是红色经济还是绿色经济，它们都没有考虑到行业所产生的尾料该怎么处理。蓝色经济相对于这二者的优势在于，这些尾料在蓝色经济中会通过生态循环的方式，将一个个行业串联在一起，最终形成一个生态循环。

《蓝色经济》这本书的作者叫冈特·鲍利，他是"零排放研究创新基金会"的创办人，投身可持续发展事业已经有 20 多年。鲍利先生也是一位很伟大的创业家，先后共成立过 10 家公司，致力于践行蓝色经济这个理念。他在这本书中展现了 100 多个无废气、零排放、低成本，却蕴含着巨大商机，能够在未来 10 年中创造百万个就业岗位的创业机会。鲍利先生现在也在积极投身于中国蓝色经济的发展。中国目前正饱受不科学的经济形态之害，中国目前的雾霾、地下水污染、环境污染、重金属污染等都是因为在传统产业结构当中，绿色经济和红色经济搭配不当。

蓝色经济就是要解决这些问题，将生态系统的卓越成就应用于经济体系，将大自然的规律放大成巨大的经济效益，并且不产生任何废弃物。比如通过效仿白蚁蚁穴打造无须空调的清新大楼，通过学习沙漠甲虫的集水方式解决淡水危机。就蓝色经济来说，模仿大自然是一种创新，是新一代的经济模式，并且是真正可持续的经济发展趋势。

举一个简单的对比或许能进一步说明蓝色经济与传统经济之间的区别。我们现有的红色经济和绿色经济使得越来越多的人被新一代的自动化技术所取代，比如软件、硬件、机器人。这些取代一方面会增加资本投入，另一方面,它不仅不能解决就业问题,反而减少了就业岗位。相对于此,蓝色经济所鼓励和支持的是利用生态模型去发掘每一个劳动力可以贡献的最大经济价值。通过模仿大自然产生一个个小生态系统,让这些小生态系统共同作用去发展本地经济。对于中国目前出现的发展问题和就业问题,这种方式无疑是一条很好的出路。

写到这里,我想借此介绍一下本文的另一位分享者朱盾鸣先生。朱盾鸣先生是中国蓝色经济的负责人,正在积极促进蓝色经济在中国的推广,目前主要从高校开始。朱先生希望通过与清华大学、北京大学、浙江大学等众多高校的合作,让更多的人认识蓝色经济,驱动国内的新生态创业。除此之外,朱先生还在与央视联合拍摄蓝色经济的纪录片。虽然蓝色经济是一个比较新的概念,但其实有很多公司已经在践行了。

接下来,我想与大家深度分享四个关于蓝色经济的案例。

通过一个偶然的机会,人们发现富含咖啡因的咖啡豆和咖啡杆残渣是培育蘑菇的非常好的原料。传统的蘑菇培育方式需要借助于一种特殊的木材,种植这种木材会大量占用耕地。如果利用咖啡豆和咖啡杆的残渣去培植蘑菇的话,蘑菇的生长速度是飞快的,并且蘑菇会在生长过程中充分吸收咖啡因,这样生长出来的蘑菇是具有高营养价值的有机蘑菇,一方面大大提高了蘑菇的售价,另一方面又降低了过程中的成本。除此之外,种完蘑菇之后的咖啡豆残渣可以作为一种天然饲料去喂养小猪。大家可能会问,为什么以前人们不用咖啡渣去喂养小猪呢?那是因为残渣里的咖啡因含量太高,但在咖啡因被蘑菇吸收了之后,残渣里面剩余的氨基酸和蛋白质非常有利于小猪的生长,这种饲养方式能够为人们提供有机猪肉。

于是,就有公司在咖啡厂旁边建设了一个蘑菇培育基地,并且把用咖啡豆残渣饲养小猪的做法教给了养猪场的人,这样一来就吸引了很多以传统方式种植咖啡豆的农民。在传统的经济模式下,咖啡农获利甚微,虽然咖啡属于中端商品，每杯可以卖几美元，但农民能从中拿到的只有几分钱。这就是全球化对产业链底端带来的影响——处在底端的人挣不到什么钱。但是通过蓝色经济的理念，人们能从不值钱的咖啡豆残渣里获取非常高的回报，甚至是成百上千倍的回报。除了可以饲养小猪之外，咖啡豆的残渣还能被做成一种有效吸汗臭的纺织物，这种纺织物可以作为高端品牌制服的原材料。

以上就是关于咖啡豆的整个生态理念。通过咖啡豆残渣向外衍生，可以发展出三个非常好的相关产业链。这样的衍生有两个优点：一方面可以取用低成本的咖啡渣，另一方面生产出来的产品是有机的，或者是带有高品牌附加值的。这就是蓝色经济的理念：树叶落到了土壤里面，成为下一个生态链里最有价值的产品。

这个案例很好地诠释了如何利用生态力量进行商业上的"四两拨千斤"，我要分享的第二个案例同样如此。澳大利亚有一片海域，海底的珊瑚被侵蚀得非常厉害，但如果通过传统方式种植珊瑚，每株大概需要几十美元的人工成本，是一笔巨大的投入。除此之外，这片海域的海岸是一片牧羊区，因为当地缺水，羊吃草吃得非常厉害，结果造成了过度放牧，很多草地被吃得贫瘠了。这两个问题严重困扰当地居民。

《蓝色经济》的作者鲍利先生亲自参与了这个案例，他是怎样一步一步运用蓝色经济的理念解决当地问题的呢？通过对多种植被进行研究，鲍利发现其中有一种草在这个地方生长得非常快，而且这种草含有大量水分。大家知道，当牧草中的含水量较多时，它会在很大程度上提高羊群的产奶量。所以大力种植这种草可以推动当地的畜牧业发展，并且这种草还能够抵抗虫害，所以这片牧区形成了一条生产羊肉和羊奶的有机产业链。

蓝色经济在这个案例里的第二点应用是改变珊瑚的种植方式。当地的旅游公司发起了周末航班打折活动，于是打折航班就让全世界各地的游客飞了过来。游客们可以在这里购买选中的珊瑚,潜入海底亲手种植,种完之后拍下珊瑚的具体位置,之后工作人员会将珊瑚的生长情况反映给游客。这样一来,不仅游客们学会了潜水,享受了种植珊瑚的乐趣,当地的旅游业也得到了极大的发展。这个新鲜的旅游项目带给游客们很强的参与感,以至于当地的珊瑚种植预约已经排到了几年以后。

除此之外,每周末的航班还会向游客们送出由当地天然羊奶制成的冰激凌,这种冰激凌的口感非常好,因为所用的羊奶是纯天然的,羊在饲养过程中没有服用过任何人工激素。通过这种方式,当地的冰激凌又得到了广泛推广。

在这个案例中,人们通过蓝色经济的理念,将原本需要花费上千万澳元的珊瑚种植产业改造成了几个非常不错的衍生行业:第一个是珊瑚种植,第二个是潜水项目,第三个是航班旅游,第四个是羊奶以及它的衍生品。这就是蓝色经济思维,通过打通不同行业来形成一个一个小生态,而多个小生态所共同迸发出来的力量是非常强大的。

第三个案例是朱盾鸣先生跟我分享的一个发生在南非的案例,是一个尾矿修复项目,也是由作者鲍利先生主导的。大家都知道南非是一个金矿及石矿资源丰富的国家,但很多人可能不太了解的是,开采金矿和石矿会带来很大的污染,被开采过的土地等于是废掉了,这也成为当地的困扰(类似的问题其实很多产业都会有,后文我会一一写到)。

在启动修复工程之前,鲍利问该项目的投资人,如果他把土地修复了,他们期望能从中得到多少回报。这些传统的土地开发商觉得 5 倍的回报已经非常高了,可是鲍利却说:"我给你们 20 倍的回报。"通过从各个方面分析尾矿污染物,研究潜在植被的生长,鲍利将尾矿修复成了一片非常有价值的经济用地,并且在这个过程中得到了几千倍的回报。在将其中的 20 倍给了投资人之后,他将其余的收益回馈给了社会。

我认为这也是鲍利能成为"全球蓝色经济推广第一人"的关键原因。鲍利不仅参与了全球多地的蓝色经济的发展，投身于新项目的开发、新模式的研究，并且在这个过程中，他并不贪恋这些企业的股份，而是单纯以顾问的身份去支持这些企业的成长，因为他觉得只有通过这样的方式才能真正将蓝色经济的理念传达到世界的每一个角落。

最后一个案例发生在中国。前段时间，朱盾鸣先生和鲍利先生去了辽宁，因为辽宁成功实施了第一个石头造纸项目。大家都知道现在的纸张里其实也含有石粉，但是大多数的成分还是植物纤维，辽宁的石头造纸技术则选用了80％的石粉以及20％的纸浆，使用的是纯无水造纸工艺。传统的造纸技术需要大量的水，并且会造成大量的水污染，这主要是清洗纸面上的喷墨造成的，而这种新型的造纸技术则采用了矿山的尾矿石。尾矿石是当地一个非常头疼的问题，矿主每年要花费大量金钱按照国家的标准和要求去处理尾矿。而现在，他们就会很乐意地把钱投给愿意去处理这些尾矿石的项目开发者。

于是，这些项目开发者利用矿主的钱将尾矿做成纸，这些由石头造出来的纸一来采用的是无水工艺，不使用一滴水，不污染环境，二来具有防水功能。这家大型的造纸公司如今已经完全商业化，相对传统造纸企业需要10年才能回收成本，这家公司只需要5年就能回收石头造纸的成本。除此之外，还有很多大型石油开采公司成为这种纸的大型采购方，因为他们的人员在进行户外作业的时候经常会遇到雨天，而这种纸恰恰可以防水。这就是典型的蓝色经济，把一个行业的废弃物变成了另一个行业的原材料，在生产过程中不产生污染，并且利用了上游的处理费用作为资金。这是一个非常好的经济模型，一方面成本基本为零甚至是负的，另一方面产出的产品具有高附加值，生产过程也没有污染。其实很多蓝色经济项目都是这样，并不需要特别大的投资驱动，却又能解决一个行业的污染问题。

《蓝色经济》这本书非常深入浅出地分享了鲍利先生近几十年来接触到的经典案例,这100多个案例都是精华中的精华,并且都已经成功商业化,具有巨大的经济价值。

《蓝色经济》主要是写给商务人士看的,除了写过这本书之外,鲍利还写过蓝色经济与佛教之间的关系,从佛教的角度来阐述蓝色经济对经济结构、对整个人类生产结构等各个方面的影响。除此之外,每年他都会花1/3的时间在全球各地免费演讲,去推广蓝色经济。他尝试过向很多世界500强公司推广这个理念,虽然表示很接受这个理念,但是很多世界500强公司还是拘泥于他们目前所做的业务,因为这些业务可以带来很好的现金流,所以他们对蓝色经济并不重视。相反,小企业和创新型企业倒成了推广蓝色经济的主力军。

鲍利先生还为蓝色经济画了一本360页的连环画,希望能够将蓝色经济的理念传递给我们的下一代,让他们知道我们的经济结构应该有一种新模式、一种不一样的模式。这些连环画以一种启发性的形式引导小孩子们去思考、体会蓝色经济中的道理,就像我们小时候理解寓言故事一样。鲍利先生觉得孩子们的想象空间是无限的,他可以告诉孩子们很多关于蓝色经济的故事,通过十年树木、百年树人的方式,让蓝色经济的理念慢慢地改变我们的生态环境和产业结构。

大家现在谈得比较多的都是互联网思维,但我个人认为蓝色经济理念是和互联网思维并驾齐驱的思维方式,能够掀起一场深度的产业革命。蓝色经济也是各个国家乃至全世界实现环保经济的可行之径。除了它能给我们目前的经济结构带来很多亮点和创新之外,我觉得我们的地球也到了必须实行蓝色经济的地步了。

石油是地球的血液,早年之前就有科学研究表明,当石油开采到一定程度的时候,地球就会多发地震、海啸和极端天气。目前大家已经可以从每年的新闻报道中发现，地震、海水倒灌、极端天气、洪涝灾害等都已经频频发生，这其实和石油开采是有很大关系的，也与传统经济模式下的过度开发密不可分。而这也是蓝色经济非常反对的。

再比如捕鱼业，传统捕鱼作业不会关注鱼的繁衍，会把 50％ 的母鱼都捕上来，这就会影响到鱼的繁衍。北欧就对捕鱼技术做了蓝色经济模式的探索，他们在渔网里增加一个超声波器，这个超声波器会使母鱼眩晕，从而将母鱼分离出来，重新投回大海。这样就会形成一个循环，这就是蓝色经济理念对捕鱼业的影响。蓝色经济呼吁对生态的关怀，从这一点来说，蓝色经济不仅是很好的经济发展方向，对人类发展来说也是必然选择。

分享者 2：朱盾鸣，1997 年在上海创立环保顾问公司，其后又创立生态创新有限公司，身兼国内外多家清洁技术及可持续发展企业的战略和财务顾问。曾任世界 500 强企业美国 Waste Management 的工程总承包及其顾问公司的中国首席代表兼总经理。2011—2013 年为青云创投中国环境基金投资合伙人。2012 年成为世界自然基金会中国低碳企业核心专家，世界零排放研究创新基金会中国董事。

为什么我们要谈蓝色经济，要分享蓝色经济呢？对于它，我最大的体会是，它提供了一种世界观和历史观，是针对整个世界，尤其是针对中国的生态危机、社会危机和经济危机的应对方案。一明在前文已经将蓝色经济介绍得非常好了，案例也非常精彩和生动，如果硬要补充的话，我想再谈谈关于蓝色经济的三个非常有趣的观点。

我要补充的第一个观点是"生物界的方法论"。自然界进化了 40 多亿年，如果把这 40 多亿年比作一天的话，那么我们人类的进化史相当于这 24

小时里最后的那 5 秒钟。然而，人类短短的进化史发展得特别快，以至于基本上能够把整个地球的进化历史打断，甚至毁灭。

据此，本书作者提出了"生物五界"的概念。如果把人类的进化史看作那最后 5 秒钟的话，那么这个时间之短，相当于原始细菌的产生，大气的变化，从原始细菌进化到藻类，再进化到菌菇类、植物类、动物类，最后产生人类，几乎是同时发生的。由此得到的启发是，我们看问题的时候要抱着一种历史观，从生物进化的角度来看问题。在寻找创业机会、创业灵感的时候，我们也要考虑整个地球的进化，不要破坏地球进化的历史和自然过程。这本书其实还有另外一个译名叫作《道法自来》，也就是说用自然界进化的方式来设计我们的经济体系、商业体系，寻找我们的产品发展方向。

第二个要补充的观点就是，无论是思考产品设计还是经济模式，我们首先要考虑的是物理，第二是化学，第三才是生物。这样的思考方式会带来很大的启发。为什么这么说呢？比如说现在太阳能在国内外都很流行，但太阳能每天只有一半时间能产生，它是不可持续的间断性能源。相比太阳能，还有一种 24 小时都存在，却比较容易被忽略的能源，那就是重力。如果我们设计大楼的时候把重力考虑进去的话，那将会是非常有意思、非常节约能源的设计。这个想法目前在欧洲已经实践出来了，就是利用大楼的自身重力解决大楼内部需要的能源，比如电梯的能源。

讲回到自然界，我们的动物兄弟是怎样利用重力的呢？我不妨举两个例子，第一个就是斑马。我们都知道斑马是黑白条纹的，但我们从来不会问，它的条纹为什么有白有黑呢？有一种说法是，它正是利用重力原理来使自己更凉快。当太阳射到白条纹，就会反光，气流往上走；当太阳射到黑条纹，就会吸收阳光，气流呈向下走向。而气流往下和往上时遵循重力原则，这使得中间产生了一个微循环，而微循环的存在就像一个自然的风扇，使得斑马更凉快。再有一个例子就是森林里的白蚁，它的蚁穴也是利用了热空气往上、冷空气往下的重力原则，使得整个蚁穴内形成一个自然的空气循环，恒温、恒湿、非常通风。其实动物们早在几亿年前就会造这种不用电，非常环保、节能、可降解的绿色建筑了。

我们这几百年来大量使用杀虫剂、化肥，使得土地板结，给我们自己带来很多头痛的问题。如果从物理、化学、生物的角度去思考，或许能找到合适的解决办法。

第三个要补充的观点就是"地方原则和生态原则"。无论是经济学还是工商管理，经常谈到的一个词就是"规模经济"，然而在自然界更多的是另外一种经济形式，叫"范围经济"，就是根据当地的自然资源和独特文化形成一个循环。它有范围，围绕这个范围各种资源互补和共生，形成共生共融的循环。这是和我们三百年来，尤其是近代以来奉行的经济模式完全不同的。践行范围经济最重要的一点就是，当我们设计一件产品、经营一家公司、运营一种经济模式或商业模式的时候，我们是只考虑该产品或公司的利益，把其他不利因素排除在外，还是我们真正以区域作为一个整体来设计。

蓝色经济强调的是通过全盘考虑区域的经济、文化、社会发展来设计我们的经济模式，而不是仅仅以产品的利润最大化为目的。目前的红色经济也好，绿色经济也好，基本上都是工业革命遗留下来的商业模式，它们对产品的全球化、标准化，材料的全球化，甚至垃圾污染的全球化，起到很大的促进作用。但具体到地方资源怎么有效利用，地方人民的幸福指数怎么提高，我们现有的经济模式和创业模式并不能解决，蓝色经济就是要试图解决这些问题。

《颠覆医疗》： 大数据时代的个人健康革命

分享作品：《颠覆医疗：大数据时代的个人健康革命》(*The Creative Destruction of Medicine*)，美国著名心脏病学家、基因领域的先驱人物埃里克·托普 (Eric Topol) 著。这是一本为对医学毫无了解的读者所写的书，其中包含了数字技术、基因医学、人类基因测序等医学界的前沿之战，带我们见到了那前所未见之地。

分 享 者：郭慧中 (Joy Guo)，天使投资人，美国 HGI Ventures 联合创始人，往返于中美，从事医疗健康领域的创业、投融资及投资管理，先后在北京大学、纽约大学获得经济学学士、经济学硕士学位。

《颠覆医疗：大数据时代的个人健康革命》(*The Creative Destruction of*

Medicine)是一本讲述互联网颠覆传统医疗的专著，也是大数据应用在个人健康领域的第一本书。英文原著出版于 2012 年，作者埃里克·托普（Eric Topol）是医学界为数不多的、非常真诚地与大众交流的顶尖科学家。他是一位心脏病和基因组学家，曾担任克利夫兰医学中心心血管主任，现任加利福尼亚州斯克里普斯学院转化科学研究所的创新药物研究教授兼主任。他在克里夫兰医学中心创办了世界上第一家基因银行，同时，他还是著名医学杂志 Medscape 与心脏医学类资讯网站 theheart.org 的主编。

这本书主要分为三部分：第一部分"奠定基础"对数字世界以及医学现状进行了一个整体回顾；在第二部分"捕获数据"里，托普分析了数字化医学的五个领域——无线传感、基因测序、器官成像、电子病历和医疗信息技术，并且阐述了上述技术互相融合的原因；第三部分"数字人的冲击"预见了数字化人体将对医生、医院的生命科学产业、政府监管机构，以及最终对人类，将会分别产生什么样的影响。在这篇文章里，我想分享一下我读这三部分的读书笔记，并在最后简略地谈谈我的体会。

作者首先在第一章讲到了数字时代的启示。他对数字世界进行了一个整体回顾，介绍了数字世界是如何影响我们的生活，培育了一种由数据驱动的参与式文化。作者在这里使用了一张图，标明了过去 40 年间的六大科技进步，它们是移动电话、个人计算机、互联网、数码设备、基因测序、社交网络。他认为这些技术的发展共同为医学的重大转折打下了基础，并且他认为接下来的 10 年将是医学发生重大转折的 10 年。

接下来，在第二章，他为我们描述了目前医学系统的一些弊端。他在这里以美国最畅销的处方药立普妥（Lipitor，一种可以降低血液胆固醇的抑制剂）为例。他用这个药来阐释美国的医疗实际上是群体医学。

立普妥的广告上说该药可以降低 36% 的心脏病发作概率，但是很少有人注意到广告下方的小字附加说明了这个数字实际上是来自于一项大型的临床研究。这个临床研究实际上是一次双盲测试，就是把人分成两组，一组人服用安慰剂，另一组人服用立普妥。最后的结果是，在服用安慰剂的人中，突发心脏病的概率为 3％；而在吃了立普妥的人中，这个概率为 2％。所以研究者由此得出结论：立普妥可以降低 30％多的心脏病发作概率。但实际上这个测试只能说明，在每 100 位服用立普妥的患者当中，真正能够受益于这种药的只有一两位。甚至还有一项研究表明，在每 400 位服用这个药的病人当中，可能会有一位出现不可预期的糖尿病症状。

托普认为造成这种情况的主要原因有两个：一个原因在于美国的循证医学（Evidence-based Medicine）。所谓循证医学，就是通过科学方法来获取一个证据，证明这种医疗是有效的，这种方法往往是以群体为基础的。第二个原因，他说是源于药品的使用标准，就是所有的患者服用相同剂量的药。他认为这种方式是一种与个人健康的维护和诊治毫不相关的治疗方式，实际上造成了非常大的社会资源的浪费。

那么，如何逃离"群体医学"的困局呢？作者认为，我们需要根据个体而非群体的实验数据得出结论。值得庆幸的是现在人们获取这种个体数据的能力正在提升。托普在第三章"消费者权利的崛起"中讲到，在互联网时代，健康类网站正在为这种能力的提升贡献着越来越大的作用，病人之间可以通过这类社交网站交换更多的信息，互相提供支持。实际上现在在美国，也有很多官方的医疗机构网站，还有政府的行业协会网站，这些网站上的信息赋予了消费者越来越多的选择权。但是由于不是所有这类信息传播网站都经过资质认证，而且信息更新的速度也不是很快，所以有时候它们还是会给患者造成一些误导。

托普接着讲到，横亘在患者和医疗信息之间的鸿沟，会在不久的将来被各种各样的数字化高效信息工具所填平。在书的第二部分，他为我们介绍了这些医学数据是如何捕获的。他分别从生理、生物、解剖学等方面来分析了数字化医学的四个领域，并且提出了这些技术互相融合之后的运用。

他提到的第一个领域是无线传感器。我们日常生活中的可穿戴设备和智能家居就包含各种各样的传感器，能够收集关于我们自身和环境的数据，并持续不断地将数据传输到云端，这样我们的健康状况就能够一直处于被监护的状态。学者托马斯·戈茨（Thomas Goetz）曾在《连线》杂志上发表过一篇文章，叫作《反馈回路》（*Feedback Loops*），他谈到传感器实际上有能力测量我们的任何活动数据。我们人类作为一种拥有超级自我调节机制的有机体，一旦得到了这些相关数据，行为就会随之改变。所以在过去 10 年间，无线医疗已经在健康健身领域慢慢起步。

2007 年，《连线》杂志的凯文·凯利（Kevin Kelly）和盖瑞·伍尔夫（Gary Wolf）提出了"量化自我"（Quantified Self）的概念，目的在于让人们可以在日常生活中观察自己、量化自己，依据自己的数据来改变生活方式。然而，托普在书中讲到的传感移动设备，其功能实际上已经超越了凯文·凯利当初提出的计步、定位之类的体外检测功能，现在的传感移动设备已经可以对体征进行测试。在这一基础上，托普认为下一步要发展的就是利用传感器来控制慢性疾病，进行疾病管理，比如说检测关于血糖、心率、呼吸、睡眠的相关数据，监控并改善相关疾病的症状。

作者在第五章从生物学的角度介绍了基因测序。由于托普自己是这方面的专家，所以他用了比较大的篇幅来介绍这项技术的起源，在这里就不细讲了。他主要想表达基因测序可以用于癌症治疗。接着他谈到由于基因公司的兴起，基因民族化时代已经到来，人们会把个人的基因数据托管到云端，通过云存储供医生调取。但这也存在隐患，即可能涉及基因云存储的安全性，以及医生用专业软件来获取访问许可的安全性。2011 年，美国联盟医疗体系（综合性医疗非营利机构）就致函美国食品药品监督管理局，要求限制消费者接触他们的基因信息。对此，托普认为每个人都有权利获得属于他们自己的数据，他相信通过基因测序得到的特定信息将很快可以通过电脑、移动设备来为消费者负责。

第六章讲的是器官成像，作者从器官的数据化讲到数据化器官。他从解剖学的角度为我们介绍了各种数字化医疗诊断的技术、设备及运用。前文讲到，我们已经可以搜集专业的数字指标。如果将这些数字指标以视觉形式直观地表现出来，就是我们通常讲的器官成像技术。作者把成像技术分成两大类：一类是有 X 光辐射的，比如说 X 光片、X 射线透视、CT 扫描；另一类是没有 X 光辐射的，比如说超声波、核磁共振。他在这里主要讨论了这些技术在心脏病、脑部病症及癌症上的运用。他认为现在成像技术对于器官的这种非常细腻地展现，实际上蒙蔽了很多医生和患者的双眼，让我们忽视了放射性诊断的局限性和潜在的危险。

数据捕获的最后一项技术是电子病历和医疗信息技术。他说设想未来，我们个人的数字化档案应该包括我们实施传感的数据、基因测序、数字化成像、数据云存储，这样就包括了我们每个人从产前到终老的整个档案，他认为这才是真正的"大数据"。接着他又介绍了这些人类数据收集手段的融合，比如说我们可以将无线传感器与基因测序结合，用于治疗心脏病、癌症，解决器官移植排斥问题，控制糖尿病，进行药物开发，或者通过社交网络来监测疾病的传播。

这本书的第三部分，也是最后一个部分，讲的是"数字人的冲击"。他预见了数字化人体将对医生、医院的生命科学产业、政府监管机构，以及最终对人类个体产生的影响。他认为今后的医生需要具有可塑性。在互联网出现之前，医生一直被当作高高在上的神，掌握很多知识和专业技能。但随着消费者对互联网越来越熟悉，在线医疗的信息越来越可靠，医生的权威就受到了挑战。他认为将来的医生应该具有可塑性，医院的教程也应该包括跟数字医学有关的课程，医生也应该多利用邮件、社交网络来跟病人沟通。

对于生命科学产业，他认为制药业是生命科学产业中最大的一个组成部分。作者认为，再次崛起的生命科学产业也应该利用个人化科学，利用个人化、数字化的信息制订个性化的医疗方案，这样我们的处方将会拥有前所未有的精准度。

New Medicine	数字化医学
Creative Destruction	创造性破坏
Super Convergence	超级融合
Old Medicine	传统医学
Wireless Sensors	无线传感
Genomics	基因组序
Imaging	器官成像
Information System	医疗信息技术
Mobile Connectivity ＋ Bandwidth	移动连接＋带宽
Internet	互联网
Social Networking	社交网络
Computing Power＋Data Universe	计算能力＋数据

上面这张图，描述了一系列的数字化人体发展的各种技术的融合。每张图都代表着之前离散的实体朝向融合，且这么一个不断发展的趋势就是这些技术的整合。那么如何使得过去传统的医学超级融合以后，变成现在互联网下的数字化的医学呢？这样的融合又会带来什么样的影响呢？首先，从个体科学的角度进行思考，作者认为根据个体的基因测序和分析，我们可以获得能够体现个体独有特征的条形码，每个人的条形码都是不同的，叠加在这些分子生物特征上的是另一个全新的维度，我们可以从中了解到每一个脏器系统，以及它们促使我们对环境做出反应的整体功能。

其次，作者认为，无论是对人类的基因进行排序，还是对无线传感器收到的数据进行处理都需要进行大规模的计算,这个巨大的数据量以及将数据转化为信息的可能性有多大,越来越依赖于云计算的运用。也就是说,我们深入了解个体的能力取决于网络科学的发展,被普及的数据越多,某个特定的个体体征就能得到越清晰的界定。他认为,一旦我们能够从个人层面找到某种疾病的根源,我们就可以更精准地预防和干预疾病的发展;同时他认为医院和诊所的职能也会发生变化,未来人们对医院的需求会大幅度降低,医院会仅限于特别护理和监控一些重症患者,普通患者则将通过远程监控、数字健康档案和虚拟家庭出诊这些方式获得医疗服务。

这一系列技术融合带来的第三个影响,作者认为是思想控制。这是一个非常前卫的研究,也是一个颇有争议的研究。它通过准确地定义人类的记忆,判断个性特征和技能是如何存储和处理这些记忆的,以此来干预人的思维和行为。人们可以通过手机接听来无限激活大脑芯片,从而提升情绪,控制脾气,甚至删除、恢复一些记忆。但是如果将科学发展到这种高度,特别是当人们意识到大脑性能带来的强有力的影响时,也会引发人们的焦虑。

作者认为,这种新型医学的最终实现需要你我积极的参与。他认为现在人们不再简单地满足于享受医疗保健方面的权利,而是开始追求新的创新技术的权利,而且这些新的创新技术能够促成精准的医学,能够避免巨大的浪费,也能够减少药物和医疗事故,预防疾病。作者认为自己凭借这么一本书是无法促成这样一场运动的,但是他可以帮助这场运动打好基础,列明所需的工具,促使知识丰富、有协作精神的个体形成组织。他在书里鼓励我们所有消费者要成为社交网络中的诉求者,关注新技术的网站,积极参与一些在线健康社区,特别是没有行业赞助的中立社区,以便以众包的方式来寻找更有用的医疗信息。

最后,作者认为数字化人体实际上也有一些潜在的负面影响。要使医疗变革取得实质性的成果,就必须对这些负面影响有一个全面的认识。他在这里提到，当人们对人体各方面的数字进行处理的时候，确实引来了"去个性化"的悖论。以前的医生是面对面地来看病人，而现在的医生是看扫描的结果、我们的 DNA 数据以及生物传感数据对病人进行治疗，而且他们还会通过这些手段使得最后的诊断更有效。在这里，作者引用了《镜像世界》书中的一句话："你可以从电脑屏幕里看到现实世界。"

那么我们如何将真实和虚拟分开呢？将来人们是否能够明确地区分数字化人体以及数字人和真正的人呢？作者认为，医学界的重大变革确实对数字化人体这一趋势起到了推波助澜的作用，对于以上担忧，他认为我们是没有办法缓解的，但是我们可以试着去加以矫正。作者还补充到，无论如何，我们不可能做到对人的彻底复制，数字化的人只是对真实个体的特定延伸，虚拟和现实之间永远是存在固定鸿沟的，所以他认为未来学家雷·库兹韦尔（Ray Kurzweil）的"奇点"理论是有失偏颇的，他觉得，将这种实验应用于健康和医学领域是不可能成功的。

此外，书中还讨论了数据的私密性。作者认为，人们应该将新的数据仔细搞清楚，比如生理体标、数字成像还有基因测序，这些到底是为我们提供了帮助，还是在拖我们的后腿？是帮助我们提升了健康水平，还是培养出了一种慢性的网络担忧症？他认为这类变革本身就是充满争议的，而将其运用到医学领域，争议的程度必然更加严重。他呼吁民众能够积极地去了解这种医学新变化。

关于这本书就先分享到这里，接下来我想谈几点我的读后感。第一，我认为这本书倡导的理念正是凯文·凯利倡导的"量化自我，关注自我"的升级版，托普将量化自我从个人健康领域升级至个人医疗这个范畴，在这个新范畴里，人们关注的不仅仅是掌控自己身体的权利，还有获取新技术的权利，以及对自己身体信息的知情权。

第二，我认为"量化自我，关注自我"实际上是一种自我建设，个人健康管理实际上是与人性在作战。在前文提到的《反馈回路》这篇文章里,托马斯·戈茨就提到人作为会自我调节的超级有机体是会对数据做出自动反馈的,而这个论述成立的前提是人都是理性的,但实际上我们进行健康管理时总是要与自身的惰性作战。所以我觉得要将这些概念推而广之确实有很大的难度,确实需要有些绝招。实际上,我也是近距离观察了很多移动医疗健康设备和平台的创业者才有了这样的体会,我感觉到能够让用户长期地、频繁地使用这些移动设备是这项技术得以普及的关键。

最后一点,我觉得这本书是一本知识普及性作品,而且非常具有前瞻性和总结性。除了为读者提供了丰富的健康和医疗知识之外,它还介绍了很多我们热议的概念和理念,对于想了解大数据以及医疗领域发展趋势的读者,这是一本非常难得的入门书。不过,我也与一些资深的业内专家谈过这本书,他们认为托普这种超级融合的畅想实际上有些过于乐观。专家们认为,在获得大数据与最后产生具有指导性的解决办法之间,其实还有非常长的路要走,而托普在这方面并没有提出非常具有启发性的建议。

《失控》： 预言未来的发展方向

分享作品： 硅谷传奇游侠、《连线》杂志创始主编凯文·凯利（Kevin Kelly）的经典之作《失控》（*Out of Control*）。凯文·凯利是乔布斯最爱的科技媒体意见领袖，也是被马化腾和张小龙顶礼膜拜的科技预言家。他的这部《失控》被誉为"过去十年来，公认的最具智慧和价值的一本书"。

分 享 者： 费越博士，硅谷创业者，人机交互技术 uSense 公司创始人兼首席科技官。曾在诺基亚、摩托罗拉、松下电器的研究中心任高级研究员、创新项目经理等职。先后在复旦大学、莱斯大学获得大学学士学位及博士学位。

　　《失控》（*Out of Control*）是凯文·凯利 1994 年写的，我大概两年前看过一遍，最近又看了一遍。这本书的内容很复杂，涉猎天文、化学、生物、计算机、控制论、运筹学、社会学，是一本"关于机器、系统、生物和社会的大部头作品"。希望我接下来的分章梳理能够为读者起到导读或总结的作用，让大家对作者的诸多观点有一个清晰而快速的了解。之所以想分享这本书，是因为现下大热的一些概念，比如物联网、虚拟现实、云计算、大众智慧等等，凯文在当年的这部作品里都预言到了。

这本书到底写了什么呢？大家可能会期待这本书中有很多对未来的预言，但其实它直接给出的预言并不多，而是告诉大家很多法则，让每个人都可以预言未来。这本书实际上解释了世界为什么会发展到现在的样子，并且让读者能够判断未来世界会向什么方向发展。

这本书一共有 24 章。凯文·凯利从简单的生物学知识，一步一步，慢慢地讲到了智能，讲到了什么是复杂的系统。这本书主要解释了复杂的系统是如何运作的，是一本技术性很强的书。我觉得对创业者来说，它便于创业者预言未来科技会向什么方向发展。凯文·凯利在这本书里讲了很多生物学的东西，那么，是不是他想把生物学的东西加到技术里面来，让技术像仿生学一样发展呢？其实并不是这样。他认为技术是生命的一部分，是生物学的一部分，所以可以用生物学的知识来解释技术的发展。

这本书的第一章"人造与天生"实际上是对整本书的一个概括。它主要在讲什么是自然存在的事物，什么是人造的事物。作者觉得以后机器会变得越来越像生物，而生物也会逐渐被技术改造，这也是整本书的主题。

第二章叫"蜂群思维"。它讲的是即便是很低等的生物，比如蜜蜂，一旦形成很大的群体，也是可以形成智慧的。有一个例子，在一个会场上，让5000 个从来没有开过飞机的参会者共同按一些按钮，控制屏幕上飞机的飞行。出人意料的是，虽然要经过几次试错，但飞机总体而言飞得非常好，这些参会者的表现跟专业飞行员差不多。

如何解释这个结果呢？一个系统要成功运作，首先最重要的一点是这个系统必须要有反馈。其次就是这个系统必须要有连接，每个节点之间要能快速连接，同时要对每个节点的贡献做一个总和。这样的系统是一个没有中央控制者的分散式系统，而"分散式系统"也是这一章的主题。作者也把这种系统叫作粒子群系统（Swamp of Systems），这种系统是由很多小的粒子的运动带动大的系统的运动。这种系统的好处在于适应性强（可以很快适应环境）、可进化（它可以变成一个新的形态）、生存能力强（当环境发生很大变化时，它依然能够生存下来）、无边界（它可以覆盖很大的搜索范围，搜索出最好的结果），以及富有创新性。但这个系统的缺点是它并不是最优化的，它有很多节点资源是被浪费的。如果从外部去观察它，我们无法判断也无法预测这个系统会发展出什么样的结果，它就像飞机上的黑匣子；我们也无法理解这个系统发展出相关结果的原因。

现在看来，在计算机领域、人工智能领域，有很多新的算法都和凯文·凯利当年提出的这个理论很像。比如最成功的人脸识别方法"HAAR 分类器方法"就包含上千个弱判断器，每个判断器都只有 51% 的准确度，但把它们以一定的结构连接起来，就可以以 99% 的准确度去判断人脸。还有就像沼泽系统这样的算法，可以搜索最优化的解决方案。凯文·凯利预言的这些方法现在慢慢都变成了算法。值得一提的是，他还说"分散式系统"也是科技发展的方向，也就是说，科技将向无法控制的、由很多独立的小个体组成的复杂系统发展。互联网就是这样的一种系统。

第三章"有心智的机器"主要是讲机器人。在这里举一个人脑的例子，大家可能会比较好理解本章的要义。其实，人脑也是一个分散式系统，并没有一个中央极权，反倒更像是电影院，其中有各种各样的人在说话，有各种各样的思想、各种各样的行为。也就是说，大脑里有不同的区域，脑细胞有不同的想法，这些想法会同时发生。什么是意识呢？不过是大脑在比较不同区域、不同神经元的冲动之后，选择性地加强了一些神经元的活动，抑制了另一些活动。所以我们的头脑就像一个社群,每一个神经元同时在不同的区域活动,尽管每一个神经元都很简单,但最后构成了大脑这样一个很智能的系统。作者强调,如果大脑采用的是自上而下的极权控制,那么它是不可能运作的。网络状的分散式的系统采用的是自下而上的控制结构,这是它的一大优点。另外,这种结构里,反应速度自下而上呈递减趋势,越到上面就越慢。

第四章"组装复杂性"主要是讲一个复杂的系统是如何形成的,这既包括生理系统,也包括人工系统。复杂的系统可以通过进化来完成。进化并不只是对某个个体的某个机能进行优化,而是把不同的群落整合在一起,形成一个稳定的系统。而且生命和环境是互相促进的,生命会影响环境,把环境变得更加适合生存,以培育出更多生命,这样就形成了一个正循环。如果要建造一个复杂的系统,自上而下地建造是不可能成功的,而是必须一点一点地、自下而上地增加复杂度。

第五章提出的"共同进化"是一个比较有意思的概念。第一个例子就是变色龙,它会根据环境改变颜色。但如果把变色龙放在一个四周都是镜子的房间,它只能看见自己,最后它会变成什么颜色呢?答案是它不会随机变成任何一种颜色,它会变成最容易达到的颜色,比如放一条蜥蜴在房间里,变色龙就会变成绿色。这个例子可以引发很多思考。

比如在互联网上,我们这些消费者就像变色龙一样,市场营销就好比是镜子,镜子会因为我们而改变,就像市场营销策略会因消费者而变;反过来,根据市场营销人员给出的信息,我们消费者也会改变,而这种改变又会反馈给镜子,从而形成循环,最终会达到某种平衡。系统内部的反馈速度有多快,主要由系统的滞后时长、信噪比、阻尼等因素决定。本章还提到未来可能会是什么样子。在未来,因为所有信息都数字化了,系统的滞后时长会因为互联网而缩短,信噪比会提高,所以会有一面更加干净、反馈更加快速、无处不在的镜子包围着我们。

什么是"共同进化"呢？举一个例子，对于猫来说，它本身并不知道老鼠是谁，它只是喜欢捕捉老鼠，实际上是老鼠教会了猫如何去抓它。老鼠和猫是一个共同进化的系统。共同进化的双方是相互需要的，共同进化也会让两个竞争者最后走向合作。比如有两个囚徒，如果告诉他们指认对方有助于减轻罪行，这两个囚徒若是初犯，大多会相互检举，而如果是惯犯，他们通常不会指认对方，因为他们知道这样做长此以往对彼此都没好处。所以对于两个竞争者而言，如果他们保持交流，最后都会选择合作。作者因此得出结论，如果一个社会有好的交流机制，那么身处其中的人们会变得更加协作。开放的信息系统会有助于经济稳定而快速地发展。这也是近20年世界经济在互联网诞生后发展得越来越快的原因。

第六章叫"自然之流变"。这一章特别有意思的信息不多。主要是说平衡状态并不好，只会让整个系统变得更简单，而不是更复杂。比如，热带雨林如果处在平衡状态，在其间生存就会变得很简单，它的食物链就会变得越来越长，这样实际上非常不稳定，任何外界带来的变化都会让它脆弱不堪，因为它已经习惯了没有外界影响的状态。

第七章，"控制的兴起"，讲的是什么是控制。前文提到，越复杂的系统就越难控制。回顾历史，控制经历过几个阶段。第一阶段的代表就是蒸汽机，这种控制很简单，仅是单纯地控制蒸汽在气缸内运动的速度和火力的大小。第二阶段的控制出现了反馈机制，包含正反馈循环和负反馈循环，也就是用过去的数据信息去控制系统未来的行为，这在电子学和工业上有很多应用；第三个阶段就是目前我们处于的阶段，主要是控制信息而不是控制某个机器。现在的情况是，我们产生的信息越来越多，无法全部控制，所以必须给机器更大的自由，这样才能更好地对信息进行智能把控。

在第八章"封闭系统"中，凯文·凯利提到了20世纪80年代的一些实验,其中有一个实验是让一些人和几种生物生活在一个封闭的生物圈内,让他们完全与外界隔绝生活一年,看看这个系统会如何变化。凯文着重说了实验得出的结论,那就是如果要让一个封闭系统更稳定,让生活在其间的生物能够生存,就必须慢慢地增加系统的复杂度和多样性。土壤和空气都非常重要,它们实际上是交流机制的一部分,特别是空气,它实际上可以反映整个系统的状态。不要把系统推向某个方向,而是观察系统,看它会往哪个方向发展。

第九章"'冒出'的生态圈"继续了第八章的话题,凯文·凯利提出了"冒出"这个概念。比如养鱼,养过鱼的人都知道,刚开始养鱼的时候,鱼缸内水很混沌,鱼也很容易死掉,鱼缸内的生态系统没有达到平衡,然后突然某一天,鱼缸内的水变得很清澈,达到了稳定状态,这个改变是突然发生的。凯文由此展开说,人类社会也是这样,一个公司、一个团队、一个国家,也都会出现"冒出"事件。机器也是如此,如果我们造它的时候,让它有足够的复杂性和灵活性,那么一开始它可能工作得并不好,但最后它会达到一个稳定的循环状态。

第十章"工业生态学"讲的东西比较多、比较杂。其中一个概念是机器实际上是互相依存的,一个机器的输入是来自另一个机器的输出。工业生态体系实际上是一个关联系统,其间的个体互相紧密地联系在一起,处于一个互相依存的状态。再如一座城市、一间办公室,也都是这样一种关联系统。这种系统的优点就在于它具有分布式智慧。

第十一章"网络经济学"比较有意思,说的是在网络世界中,经济学会有什么变化。其中有一个观念谈到,未来的公司都应该是网络结构的。这种结构的优点在于它是分布式的、去中心化的,个体之间互相合作,并且很容易适应世界的变化。纵观计算机的发展也是如此,个人计算机实际上是个人的奴隶,计算机真正的威力展现于个人计算机形成网络之时,每一台个人计算机就是一个节点，彼此间互相连接。计算机网络的形成实际上会产生有创新性的产品，而且产生的速度更快、更灵活。

作者还提出了一个理念，不要把软件当作一个产品，而是应该当作一个生产产品的工厂。因为到了网络经济时代，上网费会变得非常便宜，甚至是免费的。凯文当时预言了电子货币的出现，以及共享知识库的出现（例如维基百科）。另外，他觉得公司和用户之间也是共同进化的关系，因为网络反馈的速度会非常快；加工和生产会变得灵活而快速，几乎所有的东西都可以通过外包生产。

第十二章预言的是电子货币的出现，如今这个预言已经变成了现实。凯文认为当加密的技术被广泛使用之后，整个经济会摆脱中心控制。他也预言了个人隐私会变成一种商品，网络会把个人隐私信息当作商品在市场上互相交换，现在这也变成了现实。

本章还有一个重要概念叫"超级分配"，它是讲软件不再按拷贝份数来卖，而会采取单次使用付费的形式。为什么呢？因为对于软件类或音乐类的产品，全权保护是完全错误的、不合适的，因为有了计算机加密技术以后，信息可以细微化，人们就可以用细微化产品来赚钱。就拿我们使用 iTunes 来说，我们可以只是买一首歌，而不用买整张专辑。凯文也提到其中的一些难题，比如软件，大家很难出钱买它，因为如果不知道它好不好，人们就不会去买它；而试用之后，虽然人们已经知道它好用，却也不想买了，因为已经没有新鲜感了。所以凯文认为在网络经济时代，信息就像河流一样从我们身边流过，我们只是在喝上一小口的时候才付一点钱。

他在这一章中提到的电子货币现在已经变成了现实，比如比特币的出现。为什么会出现电子货币呢？那是因为有了网络和加密技术。电子货币的好处是它不仅快速，而且具有私密性。目前我们用的支票和信用卡其实都没有私密性，只有电子货币才有真正的私密性，而它带来的结果就是让交换变得更容易、更有连续性，人们可以付任何数目的钱。

第十三章"上帝的游戏"是对之前观点的一个重复。凯文说如果人类是上帝的话，我们就没有直接控制整个系统，只有间接的控制，因为我们不可能同时改变每一个个体，因为现在整个社会系统已经非常复杂。而要成为一个有创造力的好上帝，我们必须向简单的载体称臣。

第十四章"在形式的图书馆中"主要讲了什么是进化。在作者看来，进化就像一种搜索算法；每个生物都有非常多的可能的形态，进化就像在空间中不停搜索哪种形态是最优化的。

在第十五章，凯文转向了人工进化。如果我们要得出一种算法，它能像进化一样在空间中不断搜索找到最优答案，那么我们该怎样推算呢？首先对进化来说，死亡是唯一的最好的老师，它告诉我们什么方向是不可行的。其次要注意的是，对一个个体而言最好的形态不一定是对整个族群最好的形态。

凯文还预言，在未来有一件比较可怕的事情可能会发生，那就是纳米技术带来的失控。如果物质可以在纳米这个层级上进行进化、交配、基因复制，那对人类来说就会是完全失控的局面。

第十六章"控制的未来"并没有太多特别的内容，在此仅举作者的一个观点，那就是不光是人类在控制电脑，现在人机关系慢慢地向相反的方向发展，实际上很多时候是电脑在监视和控制人类。

第十七章"开放的宇宙"主要对生命进行了定义，这一章为后面几章继续讲进化做了铺垫。作者在本章中列举了生命的几大特征，例如自我繁殖。

第十八章"有组织的变化之架构"讲的是进化（evolution）和变革（revolution）。自然界一般只有进化，这是一种一点一点的变化，是靠基因慢慢变异，催生出更加优化的个体和群落。但变革是不同的，是无序的变化，是自然无法形成的。从这两个定义出发，就不难理解我们现在常说的技术变革。什么是技术变革呢？那就是技术的优势可以让变革成为经常发生的事情，甚至是每天都可以发生的事情，从而让变革摆脱自然界的一些限制。

由技术变革出发，这一章还讲到生物学里的一个概念，说的是信息只会从基因传到身体，却没有反向的反馈。凯文提出了设想，有没有可能打破这一定律，让基因和身体之间有双向的反馈，可以由身体直接改变基因，而这种改变是否可以在计算机的模拟世界里实现呢？

这种标志性生物学有两大特点：第一是需要生物有很高的复杂度，这种由身体发出反馈、改变基因的过程是非常难的，但如果能实现，对于进化非常有利。第二，这种生物学实际上是进化和学习的结合。个体学习的目的就是要在有限的时间里实现对环境的改变。进化就是通过迭代来实现对环境的改变。所以进化和学习的结合，就会比任何一种单一的变化更有效。最后，凯文还提到了学习和文化及人类历史的关系。

第十九章是讲"后达尔文主义"。这一章的前半部分讲的都是达尔文的进化论，凯文提到进化论其实是有很多问题的，是不完整的。最大的问题就是，依照达尔文的进化论，自然界是无法创新的，因为每一小步的改变都需要立刻有用，并且能够生存下来。这种改变实际上都是很小的，都不是质的改变，因为质的飞跃往往都存活不下来，或者不是立刻就有用的，要慢慢地才能体现有用性。在这么多年历史长河中，我们没有看到任何新物种的出现，这也说明达尔文的进化论是存在问题的。

而有一个可观察到的特征就是，基因之间是非常紧密地联系在一起的，是牵一发而动全身的，所以不可能只改变一个基因，而整体却保持稳定。实际上只有环境才能改变基因。例如狗的繁殖，如果停止人工选择狗的繁殖，狗很快就会退化，诸如被人训练出来的忠诚、服从等特征，它很快就会失去。狗很快就会变回原样，它不会保持已经有的基因变异，除非环境变化迫使它保持。

还有一个观察,胚胎生成之后,如果在分裂的早期做基因变异的话,胚胎的基因就可以产生很大的变化;如果人工基因变异时也遵循这个原则,就能够产生更有效的基因变异。

所以凯文提出了自己的观点,进化并不单纯是一个生物学的过程,它结合了技术、数学和信息,进化也可以完全脱离基因这个载体。实际上,现在计算机就有一套基因算法来模拟基因变异结合的过程。

第二十章"沉睡的蝴蝶"继续讲关于基因的另一个发现,实际上有一些基因是控制基因,它们控制其他基因什么时候表现、什么时候不表现。正是因为有这些控制基因的存在,才形成了基因控制基因的循环体系,这是一种典型的去中心化的控制。从这样的体系中能够学到什么样的数学规律或者算法呢? 那就是并行的、分布式的数据处理,还有用来搜索的粒子群算法(Swamp Algorithm)。同时作者也得出结论,当一个社会中人与人之间的交流很快,彼此间的连接很多,社会就会变得很民主,这是一定会发生的。为什么? 因为在这样的社会中,思想会自由地流到任何一个节点,而且节点之间会相互影响,形成新的思想,然后继续这样一个正反馈的过程。在这样一个社会中,任何一个政权都会慢慢转向民主,因为所有的智慧都是自下而上形成的。

第二十一章"水往高处流"比较复杂。在物理学里,热力学第一定律是能量守恒定律,热力学第二定律是熵增①原理,世界总是趋向于越来越无序,信息越来越少。那么生物学有没有这样一个类似的定律呢? 结论是生物学里正相反,实际上生物的最大特征是让世界变得更有序,让熵减小,从混沌中产生出秩序。我们可以把生命定义为一个熵逐渐减小的过程。

---

① 熵增原理就是孤立热力学系统的熵不减少,总是增大或不变。用来给出一个孤立系统的演化方向,说明一个孤立系统不可能朝低熵的状态发展即不会变得有序。

第二十二章"预言机"讲到了预测。凯文说预测也是控制的一种表现方式，对于复杂的系统来说，预测只可能是很短期的、很局部的预测，不可能是长期的、跨度10年到20年的对整个系统的一种预测。他说这样的预测就已经够了，你可以在混沌系统里找到一些规律，你不需要预测很远就可以从中获取价值。你只需要一点点信息就可以，不需要100%确定，只需要51%确定就可以了。

举一个简单的例子，10年前一群数学家组建了一支对冲基金，他们用数学算法来预测市场走向，这种预测只有51%的准确度，只能预测2天，但已经足够了。系统的复杂度有两种：一种是本身内在就很复杂，另一种其实内在规则很简单，但因为系统太大所以看起来很复杂。那些数学家看到的实际上就是第二种系统。我们的金融系统实际上就是一个规则很简单，但看起来很复杂的系统。凯文还说，系统越复杂，就越要用简单的模型来对付它，也就是说要避免思考过度的问题。如果数据很多，问题很复杂，你用的模型也很复杂，那么你的模型其实没有多少有用的信息，只不过在描述已输入的数据而已。其实简单的模型才能真正体现系统内部的原理。

第二十三章叫"整体、空洞以及空间"。凯文在这一章中将全书提升到了一个新的高度。他认为，有预测能力的机器实际上就是一个能推导出理论的发明神器。像人一样，它是在发明一种理论。什么是理论？理论就是对复杂现实社会的一个抽象概括，用很简单的规则和算法来解释很复杂的事情。一个有预测能力的机器就像人一样，能够总结出理论来。凯文还提到环境对预测的影响。如果我们的世界是一个混沌的世界，信息很不流畅，那么这个预测机器就很难发展。必须是很透明的环境，才能让有预测能力的机器有很好的发展。

第二十四章"上帝九律"是经过前23章推导出来的结论。作为全书的总结，凯文提到如何"无中生有"，如何"将宇宙占为己有"的九条定律：第一，分布式智慧（distributed being）；第二，自下而上的控制（control from the bottom up）；第三，递增收益（cultivate increasing returns）；第四，模块化生长（grow by chunking）；第五，边缘最大化（maximize the fringes）；第六，礼待错误（honor your errors）；第七，不求目标最优，但求目标众多（pursue no optima，have multiple goals）；第八，谋求持久的不均衡（seek persistent disequilibrium）；第九，变自生变（change changes itself）。

图书在版编目(CIP)数据

创业时，他们在读什么 / 梁海燕著.—杭州：浙
江大学出版社，2015.12

ISBN 978-7-308-15257-0

Ⅰ.①创… Ⅱ.①梁… Ⅲ.①企业管理—通俗读物
Ⅳ.①F270－49

中国版本图书馆 CIP 数据核字 (2015) 第 248878 号

创业时，他们在读什么

梁海燕　著

责任编辑	黄兆宁	
责任校对	张一弛	
封面设计	水玉银文化	
出版发行	浙江大学出版社	
	（杭州市天目山路 148 号　邮政编码 310007）	
	（网址：http://www.zjupress.com）	
排　　版	杭州林智广告有限公司	
印　　刷	浙江印刷集团有限公司	
开　　本	710mm×1000mm　1/16	
印　　张	11.75	
字　　数	160 千	
版 印 次	2015 年 12 月第 1 版　2015 年 12 月第 1 次印刷	
书　　号	ISBN 978-7-308-15257-0	
定　　价	38.00 元	